Goethe, Schiller und die verschleierte Wahrheit.
Von George Cebadal.

*Die Geheimnisse der Lebenspfade darf und kann man nicht offenbaren;
es gibt Steine des Anstoßes, über die ein jeder Wanderer stolpern muß.
Der Poet aber deutet auf die Stelle hin.*

JOHANN WOLFGANG VON GOETHE

Vielleicht ist nie etwas Erhabeneres gesagt oder ein Gedanke erhabener ausgedrückt worden, als in jener Aufschrift über dem Tempel der Isis (der Mutter Natur): "Ich bin alles, was da ist, was da war, und was da sein wird, und meinen Schleier hat kein Sterblicher aufgedeckt."

IMMANUEL KANT

Goethe, Schiller und die verschleierte Wahrheit.

Ein kleiner Beitrag

zur

Mysterienkultur in Goethes "Faust"-Dichtung und der Weimarer Klassik.

Von George Cebadal.

Bibliografische Information der Deutschen Nationalbibliothek:
Die Deutsche Nationalbibliothek verzeichnet diese Publikation
in der Deutschen Nationalbibliografie; detaillierte bibliografische
Daten sind im Internet über http://dnb.dnb.de abrufbar.

© 2019 George Cebadal

Umschlagbild:
"Mother of the World" (1924) von Nicholas Roerich (1874-1947)
in einer Bearbeitung von George Cebadal

Bild auf dem Frontispiz:
Gemeinfreies Foto der Wikimedia Commons (2009)
von der Statue der Isis von Auguste Puttemans (1866-1927)
in einer Bearbeitung von George Cebadal

Herstellung und Verlag:
BoD – Books on Demand, Norderstedt

ISBN:
9783732250912

Inhalt

Vorwort..1

1. Einleitung..9

2. Die Mysterienkultur in der Zeit der Weimarer Klassik
   2.1 Die besondere Stellung der Mysterien der Isis........................13
   2.2 Die Mysterien im öffentlicher Diskurs...................................17
   2.3 Die Mysterien in den Geheimbünden der Aufklärung.............23

3. Zur Mysterienkultur in Goethes "Faust"-Dichtung
   3.1 Die ersten Einführungsszenen von Doktor Faust
       als Bilder des Einweihungsweges in die Mysterien.................27
   3.2 Die "Helena" sowie ihre Wegbereiter Mephisto
       und die "Zauberflöte"..37
   3.3 Die verschleierte Wahrheit
       – Schillers Rezeption der Mysterienkultur
         als Vergleichspunkt zur "Faust"-Dichtung..........................48

Schlussrede..61

Literatur..63

Vorrede

Lieber Leser,

mit diesem kleinen Beitrag möchte ich die Tragweite der Mysterienkultur für die Literatur des 18. Jahrhunderts beziehungsweise die Weimarer Klassik aufzeigen, denn diese scheint mir in der Literaturwissenschaft noch größtenteils unbekannt zu sein. Dementgegen werde ich hier die antiken Mysterien als Grundlage darlegen und zwar exemplarisch für das wohl bedeutendste Werk nicht nur dieser Zeit, sondern für die deutsche Literatur überhaupt: Goethes "Faust"-Dichtung. Hierzu kann ich konkrete Verbindungen zu antiken Quellen herstellen. Diese sind für mich so offensichtlich und eindeutig, dass es für mich eigentlich sonderbar erscheint, dass die mir vorliegende Forschungsliteratur dazu im Wesentlichen schweigt.

So möchte im großen Finale der "Faust"-Dichtung Doktor Faust (der dort als Doctor Marianus auftritt) der Mater gloriosa "Geheimniß schauen"[1]. "Geheimniß" ist nun nur eine deutsche Form von Mysterium, welches den eingeweihten Priestern der antiken Kulte durch das "Schauen", auch Epoptie, zu Teil wurde. Die Mater gloriosa wird in der Regel als eine Darstellung der christlichen Maria verstanden, doch bezeichnet Faust/Doctor Marianus sie nicht nur als "Himmelskönigin"[2], sondern sogar vollkommen gegenläufig zum einen Gott des Katholizismus als "Göttin"[3]. Allerdings in einem antiken Text, der in Romanform die Mysterien behandelt und für das Mysterienverständnis des 18. Jahrhunderts von zentraler Bedeutung ist, nämlich Apuleius' "Der goldene Esel", ruft der Held der Geschichte eine Göttin als "Königin des Himmels!"[4] an. Es ist die Göttin Isis, die Apuleius' Helden daraufhin auch

---

[1] F II, Z. 12000.
[2] F II, Z. 11995.
[3] F II, Z. 12103.
[4] Apuleius: Der goldene Esel, übersetzt von August Rode, Dessau 1783 (Bd. 2), S. 195.

tatsächlich erscheint und ihre Rede beginnt mit: "Schau!"[5] Sicherlich sind dabei die antiken Mysterien nur ein Aspekt der "Faust"-Dichtung, doch sie sind gewiss kein unwesentlicher. So gehören die letzten Worte des zweiteiligen Dramas dem Chorus mysticus, also zu Deutsch dem zu den Mysterien gehörigen Chor. Und schon zu Beginn des ersten Teils wird der Titelheld Doktor Faust in den Bildern des Mysterienweges eingeführt, wie er beispielsweise von Plutarch beschrieben wird, der als eingeweihter Priester im Apollontempel von Delphi über die Mysterien zu berichten wusste:

Hier [im diesseitigen Leben] ist die Seele ohne Erkenntnis außer wenn sie dem Tode nah ist. Dann aber macht sie eine Erfahrung, wie sie jene durchmachen, die sich der Einweihung in die Großen Mysterien unterziehen. Daher sind auch das Wort "sterben" ebenso wie der Vorgang, den es ausdrückt, und das Wort "eingeweiht werden" ebenso wie die damit bezeichnete Handlung einander gleich. Die erste Stufe ist nur mühevolles Umherirren, Verwirrung, angstvolles Laufen durch die Finsternis ohne Ziel. Dann, vor dem Ende, ist man von jeder Art von Schrecken erfaßt, und alles ist Schaudern, Zittern, Schweiß und Angst. Zuletzt aber grüßt ein wunderbares göttliches Licht und man wird in reine Gefilde und blühende Wiesen aufgenommen, wo Stimmen erklingen und man Tänze erblickt, wo man feierlichheilige Gesänge hört und göttliche Erscheinungen schaut. Unter solchen Klängen und Erscheinungen wird man dann, endlich vollkommen und vollständig eingeweiht, frei und wandelt ohne Fesseln mit Blumen bekränzt, um die heiligen Riten zu feiern im Kreise heiliger und reiner Menschen.[6]

Entsprechend sieht man Faust zu Beginn in der *Finsternis* der Szene "Nacht", wie er an seinem Schreibtisch sitzt und über

---

[5] Apuleius, S. 199.
[6] Von Stobaios überliefertes Fragment, welches dieser ursprünglich dem Themistios zugeschrieben hatte, das allerdings schon im 18. Jahrhundert Plutarch zugeschrieben wurde. Quelle und Übersetzung: Assmann, Jan: Die Zauberflöte. Oper und Mysterium, München 2005, S. 220 f.

sein *mühevolles Umherirren* durch die verschiedenen wissenschaftlichen Disziplinen klagt:

> *Habe nun, ach! Philosophie,*
> *Juristerey und Medicin,*
> *Und leider auch Theologie!*
> *Durchaus studirt, mit heißem Bemühn.*
> *Da steh' ich nun, ich armer Thor!*
> *Und bin so klug als wie zuvor[.]*[7]

Auch in Fausts Worten an einen Totenkopf wird seine *Verwirrung* sowie sein jämmerliches *irren* verdeutlicht:

> *Was grinsest du mir hohler Schädel her?*
> *Als daß dein Hirn, wie meines, einst verwirrt,*
> *Den leichten Tag gesucht und in der Dämmrung schwer,*
> *Mit Lust nach Wahrheit, jämmerlich geirret.*[8]

Schließlich greift Faust zur Giftphiole mit den "tödlich feinen Kräfte[n]"[9] und erlebt eine Art Todeserfahrung. Doch Faust erreicht den neuen Tag, der ihn mit seinen *Klängen* zu den Osterfeierlichkeiten und wohl auch seinem Sonnen*licht* wieder aufheitert. In der folgenden Szene "Vor dem Tor" trifft Faust dann auf die *tanzende* und *singende* bäuerliche Gesellschaft, die sich wohl dem Lied entsprechend mit *Blumen geschmückt* ("mit bunter Jacke, Band und Kranz"[10]) um ihn herum *im "Kreis"*[11] versammelt. Nun erscheint Faust wirklich im plutarschen Bild des Eingeweihten in den *reinen Gefilden mit Tanz und Gesang frei im Kreise blumenbekränzter, heiliger und reiner Menschen.* Somit, natürlich sehr verkürzt dargestellt, ist in diesen beiden Szenen, die das erste mal Doktor Faust zeigen, das Thema des Einweihungsweges für die "Faust"-Dichtung und seinen Titelhelden gesetzt.

---

[7] F I, Z. 354-359.
[8] F I, Z. 664-667.
[9] F I, Z. 694.
[10] F I, Z. 950.
[11] F I, Z. 992-993.

Als Beispiel für die schwierige Forschungslage zur Mysterienkultur in der Weimarer Klassik möchte ich auf den Titel "Faust: Zwei Teilbände. Texte und Kommentare"[12] des Literaturwissenschaftlers Schöne verweisen, der noch dazu vom Deutschen Klassiker Verlag herausgeben wurde. Die Anspielung auf die Isis als "Himmelskönigin" und sogar das doch eigentlich sehr gängige und deutliche Vokabular der antiken Mysterien vom "Geheimniß schauen" werden vom Literaturwissenschaftler Schöne beschwiegen und bleiben unkommentiert. Nun liegt mir nicht die ganze Forschungsliteratur zur "Faust"-Dichtung vor, doch der höchst renommierte Kulturwissenschaftler Assmann bestätigt meinen Eindruck in zweifacher Hinsicht. Assmann vermutet in seinem Zeitschriftenartikel "Schiller, Mozart und die Suche nach neuen Mysterien" von 2006 ebenfalls eine schlechte Forschungslage:

Bevor wir versuchen, Gründe für diese Suche zu benennen, möchte ich das Phänomen als solches kurz umreißen, das mir noch weitgehend unbekannt geblieben zu sein scheint. Auch meine Forschungen stehen noch ganz am Anfang. Nur soviel zeichnet sich schon jetzt deutlich genug ab, daß wir es mit einer literarischen Modeerscheinung zu tun haben, die dem Thema "Mysterien" zwischen 1776 und 1800 eine einzigartige intellektuelle Hochkonjunktur verschaffte, mit einem entschiedenen Gipfel zwischen 1782 und 1787.[13]

Doch dann kommt Assmann zu der Feststellung, dass die Mysterienliteratur "gewiß kein Phänomen des literarischen Höhenkamms"[14] sei, auch wenn es "einige Werke der schönen Literatur" darunter gebe. Anschließend macht Assmann eine Aufzählung und nennt sogar Goethes "Wilhelm Meisters Lehrjahre" unter den Bildungsromanen, in denen "Initiation,

---

[12] Schöne, Albrecht [Hrsg.] / Goethe, Johann Wolfgang von [Aut.]: Faust. Zweiteilbände. Texte und Kommentare, Frankfurt am Main 2005.

[13] Assmann, Jan: Schiller, Mozart und die Suche nach neuen Mysterien. In: Ernst Behler / Manfred Frank [Hrsg.]: Athenäum. Jahrbuch für Romantik, Paderborn 2006 (Bd. 16), S. 13-37, S. 14.

[14] Assmann 2006, S. 15.

Mysterien und Geheimgesellschaften eine Rolle"[15] spielen. Allerdings fällt im ganzen Artikel kein Wort von Assmann über Goethes "Faust". Also zum einen bestätigt Assmann das allgemeine Forschungsproblem zur Mysterienkultur in der Literatur des 18. Jahrhunderts. Zum anderen scheint Assmann selbst noch nicht die besondere Bedeutung der Mysterien im Einzelfall der "Faust"-Dichtung erkannt zu haben, denn einflussreiche, ja leitmotivische Mysterieninhalte in dem wohl bedeutendste Werk der deutschen Literatur, dessen Entstehungszeit ja auch gerade in den von Assmann genannten Zeitraum fällt, wären doch allemal eine Erwähnung wert gewesen.

Vor diesem Hintergrund fühle ich mich nun sehr motiviert den Einfluss der Mysterien auf die "Faust"-Dichtung, den ich in Teilen schon in meinem Beitrag[16] zu Goethes Fortsetzung von Mozarts "Zauberflöte" dargelegt habe, hier nun etwas weiter auszuführen und vor allem gezielter darzulegen, auf dass die Mysterieninhalte der "Faust"-Dichtung bekannter werden und man sich Goethes Opus Magnum auf dem Wege der Mysterien näher annähern mag.

– Arkanum aus dem Tarot von Papus –

---

[15] Assmann 2006, S. 16.
[16] Cebadal, George: Goethes "Die Zauberflöte II". Die Entdeckung von Goethes ägyptischen Mysterien im Bindeglied zwischen Mozarts "Zauberflöte" und der "Faust"-Dichtung, Norderstedt 2016.

– Arkanum aus dem "Ägyptischen Tarot" –

Um die Mysterienkultur auch etwas im Kontext und der Zeit der Weimarer Klassik zu erschließen, möchte ich die Mysterieninhalte der "Faust"-Dichtung unter dem Motiv der "verschleierten Wahrheit" behandeln; ein Motiv, welches so vor allem von Goethes Dichterfreund Schiller mit einer Ballade über die verschleierte Göttin Isis in äußerst populärer Weise geprägt worden ist, das aber schon vor Schillers Gedicht in zahlreichen Formen aufgegriffen worden war und den öffentlichen Diskurs im 18. Jahrhundert prägte. Am häufigsten wurde das Motiv der verschleierten Isis wohl als schmückendes Titelbildmotiv von naturwissenschaftlichen Werken aufgegriffen, die in der Isis die Mutter Natur erblickten, und damit wenigstens eine Annäherung der Wissenschaft an die Geheimnisse der Natur suggerieren wollten. So möchte ich ausgehend vom Motiv der "verschleierten Wahrheit" einen Blick auf die Mysterienkultur im 18. Jahrhundert werfen sowie Schillers Auseinandersetzung mit den Mysterien hinzuziehen, um so einwenig mehr Kontext zu schaffen und dieses scheinbar überwiegend verkannte Mysterienthema in der Literatur der Weimarer Klassik etwas nahbarer zu machen.

Doch das Thema der "verschleierten Wahrheit" hat durchaus noch mehrere Ebenen, die in diesem kleinen Beitrag hervorkommen sollen. So ließe sich das Motiv der "verschleierten Wahrheit" als künstlerisches Leitmotiv Goethes verstehen, denn dieser wünschte sich gegenüber Eckermann für seine "Faust"-Dichtung:

Wenn es nur so ist, daß die Menge der Zuschauer Freude an der Erscheinung hat; dem Eingeweihten wird zugleich der höhere Sinn nicht entgehen, wie es ja auch bei der "Zauberflöte" und andern Dingen der Fall ist.[17]

Goethes "höhere[r] Sinn", seine tiefere Botschaft, seine Erkenntnisse, seine Wahrheit findet sich in seiner "Faust"-Dichtung dementsprechend nur verschlüsselt beziehungsweise verschleiert und offenbart sich nur für den Eingeweihten;

---

[17] Das Zitat fällt in Goethes Ausführungen gegenüber Eckermann über die "Helena" bzw. den "Helena"-Akt in "Faust II". Goethe, Johann Wolfgang von: Sämmtliche Werke. Wohlfeile Volksausgabe, Herisau 1838 (Bd. 12), S. 228.

während die breite Masse der Zuschauer davon ausgeschlossen bleibt. Nun, zu diesem "höhere[ren] Sinn" sowie zur Mysterienkultur der Weimarer Klassik möchte ich mit diesem kleinen Beitrag jetzt eine Annäherung schaffen.

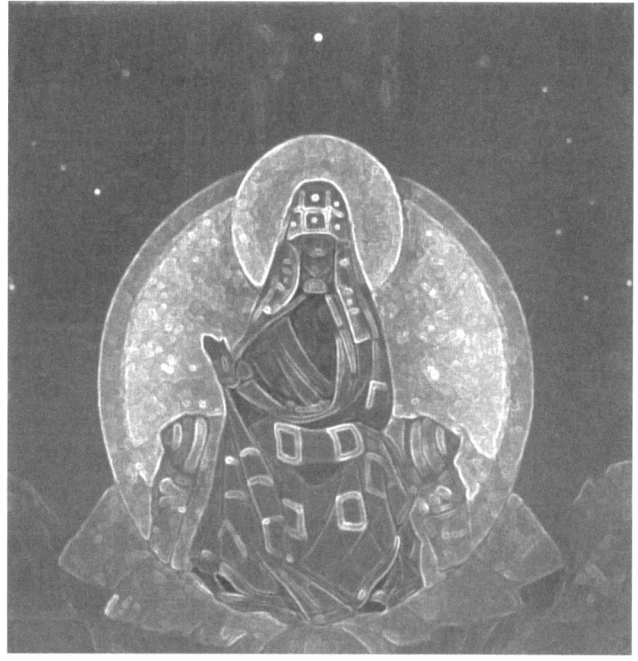

Höchste Herrscherin der Welt! / Lasse mich, im blauen, / Ausgespannten Himmelszelt / Dein Geheimniß schauen.

(Faust II, Z. 11997-12000)

1. Einleitung

Obwohl die Werke von Goethe und Schiller eine Hochzeit der deutschen Literatur und Kultur markieren, scheint mir der Literaturwissenschaft die Bedeutung der antiken Mysterien in dieser geistigen Blütezeit noch weitgehend unbekannt geblieben zu sein. Doch gerade Goethes "Faust"-Dichtung, die allgemein als das bedeutendste und meistzitierte Werk der deutschen Literatur gilt, lässt sich weitreichend vor dem Hintergrund der antiken Mysterien verstehen. Dabei liegt es im Geheimnischarakter der Mysterien begründet, sich der Öffentlichkeit zu verschließen. So wünschte sich Goethe für seine "Faust"-Dichtung:

> *Wenn es nur so ist, daß die Menge der Zuschauer Freude an der Erscheinung hat; dem Eingeweihten wird zugleich der höhere Sinn nicht entgehen, wie es ja auch bei der "Zauberflöte" und andern Dingen der Fall ist.*[18]

Goethe unterscheidet hier zwei Wahrnehmungsebenen seiner Dichtung: eine für die breite Öffentlichkeit; und eine zweite darüber hinausgehende Ebene, die sich nur einem kleinen Kreis von Eingeweihten erschließt und einen höheren Sinn offenbart. Hinter diesem künstlerischen Konzept verbirgt sich der Geist der antiken Mysterienkulte, welche im 18. Jahrhundert durch die regelrechte Modeerscheinung der neu aufkommenden initiatorischen Bünde, wie den Freimaurern und Illuminaten, eine moderne Rezeption erfuhren. Im Sinne dieser initiatorischen Bünde ist auch Goethes Rede vom "Eingeweihten" zu verstehen, zumal der Kontext zur "Zauberflöte" hergestellt wird. Die kongenialen Macher der Zauberoper, Mozart und – zumindest kurzzeitig – auch Schikaneder, waren Mitglieder in Freimaurerlogen gewesen. Es ist kaum mehr ein großes Geheimnis, dass sich ihre positiven wie negativen Erfahrungen mit der Freimaurerei in der "Zauberflöte" ausgiebig und engagiert verarbeitet wieder-

---

[18] Das Zitat fällt in Goethes Ausführungen gegenüber Eckermann über die "Helena" bzw. den "Helena"-Akt in "Faust II". Goethe 1838, S. 228.

entdecken lassen.[19] Goethe selbst war ebenfalls Freimaurer sowie Illuminat, und hielt weitere enge Kontakte zu Kreisen, die den Mysterien nachgingen und sie zu durchdringen versuchten. In den besagten initiatorischen Geheimbünden bediente man sich einer richtigen "Einweihung" im ursprünglichen Sinne, durch die zunächst rituell der Übergang des Initianden in die eingeschworene Gemeinschaft vollzogen wurde und später weitere Einweihungsstufen erreicht werden konnten. Entsprechend verstanden sich die Mitglieder solcher Bünde – wie die Freimaurer – als "Eingeweihte". Vor diesem Hintergrund lässt sich also Goethes künstlerisches Konzept für den "Eingeweihten" erahnen.

Um die Bedeutung der Mysterienkultur in Goethes "Faust"-Dichtung zu veranschaulichen, ist hervorzuheben, dass der Weg des Titelhelden Doktor Faust von Anfang bis Ende des zweiteiligen Dramas durch den Geist der Mysterien geprägt ist. Die ersten Szenen aus "Faust I", welche Faust als Figur mit ihrem Thema vorstellen, entfalten den Geist der Mysterien besonders anschaulich und sollen zusammen mit der fulminanten Schlussszene von "Faust II" aufgrund ihrer besonderen Stellung und Aussagekraft zwei Schwerpunkte meiner Darstellungen bilden. In der Schlussszene spielt die Erscheinung der Mater gloriosa eine ganz zentrale Rolle. Entsprechend des postulierten Sujets von Mysterien und Einweihung handelt es sich bei der Mater gloriosa um eine göttliche Erscheinung. Die Epiphanie (eben das Erscheinen der Gottheit) war Teil der höchsten Mysterienweihe. Die damit verbundene Offenbarung der verborgenen Geheimnisse durch die Gottheit wurde mit der Epoptie (Schau der Geheimnisse) beschrieben. Dementsprechend spricht Faust die Mater gloriosa als "Göttin"[20] an und bittet sie, ihr "Geheimniß schauen"[21] zu dürfen.

---

[19] Man mag hier beispielsweise an die Figur des Papageno denken, dessen Rolle Schikaneder als Schauspieler auf der Bühne seines eigenen Theaters ja selbst spielte und also im wahrsten Sinne verkörpert hatte; und wie Schikaneder, der im wahren Leben aus dem Kreis einer Regensburger Freimaurerloge verstoßen worden ist, wird gleichermaßen der Lebemann Papageno aus dem Kreis der Eingeweihten in der "Zauberflöte" ausgeschlossen.
[20] F II, Z. 12103.

Eine Gottheit dessen Geheimnis beziehungsweise "Wahrheit"[22] der Held der Geschichte "schauen"[23] möchte, findet sich ebenfalls in Schillers Ballade "Das verschleierte Bild zu Sais" von 1795. Hier nun beziehen sich Titel und Handlung ganz offenkundig auf den antiken Mysterienkult der Isis, dem man im Isistempel zu Sais nachgegangen ist. Schon in seinem 1790 erschienenen Aufsatz "Die Sendung Moses" hatte sich Schiller ausgiebig mit den Mysterien der alten Ägypter beschäftigt. Zwar war Schiller nicht selbst Mitglied in einem Geheimbund gewesen, doch am Ende seines Aufsatzes verweist er auf einen Bruder Decius als seine Inspirationsquelle, und meint damit den Freimaurer und Illuminaten Karl Leonard Reinhold.[24] Durch Kontakte wie Reinhold, der in die mit Schiller befreundete Familie Wieland eingeheiratet hatte, konnte er regen Austausch über die Mysterienkultur der Geheimbünde führen. Indem Schiller den ägyptischen Religionskult ganz offenkundig behandelt, ermöglicht er einen recht anschaulichen Zugang zu seinem Verständnis der Mysterien. Darüber hinaus entwickelte seine Auseinandersetzung mit den Mysterien einen hohen Bekanntheitsgrad und wirkte nachhaltig auf das Denken seiner Zeitgenossen, wie auf Beethoven[25] und wohl nicht zuletzt seinen engen Dichterfreund Goethe. Gerade mit Blick auf die versteckten Mysterien der "Faust"-Dichtung sollte Schillers direkte Behandlung des Mysterienthemas einige Aspekte noch deutlicher hervorheben können. Daher bildet Schillers Auseinandersetzung mit den Mysterien einen weiteren Schwerpunkt, den ich hier vor allem über seine theoretische

---

[21] F II, Z. 12000.
[22] Bild zu Sais, Z. 70-73. Siehe für das Gedicht in dieser Herausgabe: S. 48-50. Siehe dazu auch: Schiller, Friedrich: Das verschleierte Bild zu Sais. In: Gerhard Fricke [Hrsg.]: Friedrich Schiller. Sämtliche Werke Band 1, München 1962 (Bd. 1), S. 224-226,239-240.
[23] Bild zu Sais, Z. 28-33. Oder auch nochmals: Z. 70-73.
[24] Schiller, Friedrich: Die Sendung Moses. In: Johann Friedrich Cotta [Hrsg.]: Friedrichs von Schiller sämmtliche Werke, Stuttgart/Tübingen 1819 (Bd. 7), S. 60-95, S. 95. Siehe bezüglich Reinhold: Schwab, Gustav: Schiller's Leben, Stuttgart 1841, S. 346.
[25] Beethoven hatte sich sogar eine Selbstbeschreibung der Isis aus Schillers "Die Sendung Moses" herausgeschrieben und zur stetigen Ansicht auf seinem Schreibtisch platziert. Siehe dazu: Assmann, Jan: Die Schrecken des Erhabenen, Heidelberg/Salzburg 2007, S. 4 f.

Schrift "Die Sendung Moses" sowie seine kunstvolle Ballade "Das verschleierte Bild zu Sais" entwickeln werde.

Zunächst möchte ich allerdings einen kleinen allgemeinen Einblick in die Mysterienkultur im 18. Jahrhundert beziehungsweise in der Zeit der Weimarer Klassik geben, umso einwenig Kontext und Hintergründe der Mysterienrezeption zu liefern.

2. Die Mysterienkultur in der Zeit der Weimarer Klassik

2.1 Die besondere Stellung der Mysterien der Isis

Da heutzutage wenig über die Mysterienrezeption in der geistigen Blütezeit des 18. Jahrhunderts bekannt zu sein scheint, möchte ich damit beginnen, kurz die besondere Stellung der Mysterien im damaligen Denken zu skizzieren. Der altägyptische Kult zu Ehren der Göttin Isis, dem auch Schillers Ballade "Das verschleierte Bild zu Sais" gewidmet ist, hat dabei eine ganz wesentliche Bedeutung. Über einen erneuten kleinen Blick auf die am Ende von Goethes wirkungsmächtiger "Faust"-Dichtung alle anderen Figuren überstrahlende Mater gloriosa lässt sich sinnfällig eine entscheidende antike Quelle für das damalige Verständnis der Isis darlegen.

Den Schlusspunkt seiner "Faust"-Dichtung setzt Goethe mit der geheimnisvollen Erscheinung der Mater gloriosa. Die letzten Worte, die vom Titelhelden Faust in diesem Drama gesprochen werden, richten sich an sie. Faust, der nunmehr als Doctor Marianus erscheint, betitelt die Mater gloriosa in seinem Flehen als "Jungfrau, Mutter, Königin"[26] und "Göttin". Dann beschließt der Chorus mysticus das Ende des Dramas mit den rätselhaften Worten:

> *Alles Vergängliche*
> *Ist nur ein Gleichnis;*
> *Das Unzulängliche,*
> *Hier wird's Ereignis;*
> *Das Unbeschreibliche,*
> *Hier ist's getan;*
> *Das Ewig-Weibliche,*
> *Zieht uns hinan.*[27]

---

[26] F II, Z. 12102-12103: "Jungfrau, Mutter, Königin, / Göttin bleibe gnädig!"
[27] F II, Z. 12104-12111.

Schnell ruft die Figur der Mater gloriosa bekannte Bilder der katholischen Marienverehrung hervor. Doch christliche Anspielungsräume sind hier wie in der gesamten "Faust"-Dichtung nur ein Aspekt des Ganzen. Während die Betitelung der Mater gloriosa als "Jungfrau", "Mutter" und "Königin" noch der traditionellen katholischen Liturgie folgt, bildet die Bezeichnung "Göttin" doch einen deutlichen Kontrapunkt zum Verständnis vom "einen Gott" des Katholizismus. Göttinnen hingegen verehrte man in der antiken Welt allerhand. Für die in der "Faust"-Dichtung auch als "Himmelskönigin"[28] und "[h]öchste[n] Herrscherin der Welt"[29] erscheinende Mater gloriosa, eröffnet sich über die antiken Mysterien eine weitreichende Perspektive, die darüber hinaus noch das Rätsel des Chorus mysticus erhellen kann – hierzu später mehr. Unter den Gottheiten der Antike ragt eine besonders hervor: Isis. In Apuleius' Roman "Der goldene Esel", einem für das Mysterienverständnis des 18. Jahrhunderts zentralen Text, ruft der Held der Geschichte die Isis an und beginnt seine Anrufung mit: "Königin des Himmels!"[30] Diese erscheint ihm daraufhin tatsächlich und stellt sich dem Helden in einer sehr umfangreichen Selbstdarstellung vor:

Schau! Dein Gebet hat mich gerührt. Ich, Allmutter Natur, Beherrscherin der Elemente, erstgeborenes Kind der Zeit, Höchste der Gottheiten, Königin der Manen, Erste der Himmlischen; ich, die in mir allein die Gestalt aller Götter und Göttinnen vereine, mit einem Wink über des Himmels lichte Gewölbe, die heilsamen Lüfte des Meeres und der Unterwelt klägliche Schatten gebiete. Die alleinige Gottheit, welche unter so mancherlei Gestalt, so verschiedenen Bräuchen und vielerlei Namen der ganze Erdkreis verehrt – denn mich nennen die Erstgeborenen aller Menschen, die Phrygier, pessinuntische Göttermutter – ich heiße den Atheniensern, Kindern ihres eigenen Landes, kekropische Minerva; den eiländischen Kypriern paphische Venus; den pfeilführenden Kretern dictynnische

---

[28] F II, Z. 11995.
[29] F II, Z. 11997.
[30] Apuleius, S. 195.

Diana: den dreizüngigen Siziliern stygische Proserpina; den Eleusinern Altgöttin Ceres. Andere nennen mich Juno, andere Bellona, andere Hekate, Rhamnusia andere. Sie aber, welche die aufgehende Sonne mit ihren ersten Strahlen beleuchtet, die Äthiopier, auch die Arier und die Besitzer der ältesten Weisheit, die Ägypter, mit den angemessensten eigensten Gebräuchen mich verehrend, geben meinen wahren Namen mir: Königin Isis. – [...] Der Tag Deines Heils ist da, kraft meiner Allmacht; öffne nur Deine betrübte Seele meinem göttlichen Gebote![31]

Aus diesem Mysterienverständnis heraus erscheint Isis als die eine Göttin aller Mysterien.

---

[31] Apuleius, S. 199 f.

La déesse myrionime, Isis,
Ou La Nature Personnifiee

— Isis als über dem Meer erscheinende Mondgöttin —

2.2 Die Mysterien im öffentlicher Diskurs

Das Interesse an der Vorstellung von der universellen Allgöttin Isis blieb allerdings nicht nur auf einen kleinen Kreis von im Verborgenen agierenden Geheimbündlern beschränkt. Kant bezieht sich in seiner "Critik der Urtheilskraft" auf eine Selbstdarstellung der Isis, welche laut Plutarchs[32] Überlieferung die Inschrift auf einer Statue der Göttin zu ihrem Tempel in Sais gewesen sein soll, und erwägt:

> *Vielleicht ist nie etwas Erhabeneres gesagt oder ein Gedanke erhabener ausgedrückt worden, als in jener Aufschrift über dem Tempel der Isis (der Mutter Natur): "Ich bin alles, was da ist, was da war, und was da sein wird, und meinen Schleier hat kein Sterblicher aufgedeckt."*[33]

Hiernach ist Isis also eins und gleichzeitig auch alles. Ebenso steht sie für die Grenzen menschlicher Erkenntnis. Damals waren diese Worte der Isis nahezu jedem Intellektuellen bekannt.[34] Beethoven hatte sich sogar die Inschrift von Sais von eigener Hand aufgeschrieben und pietätvoll unter Glas gerahmt, um sie so stets vor sich auf seinem Pulte stehen zu haben. Darum brauchte Kant auch bloß andeutungsweise von "jener Aufschrift" sprechen.

Darüber hinaus greifen zahlreiche naturkundliche Werke der Aufklärungszeit das Bild der verschleierten Isis auf, um eine Annäherung an die Geheimnisse der Natur durch die Wissenschaft zu versinnbildlichen. Durchaus beeindruckt von einer solchen Umsetzung auf dem Frontispiz zu Segners "Naturlehre" schreibt Kant:

> *Segner benutzte diese Idee durch eine sinnreiche, seiner Naturlehre vorgesetzte Vignette, um seinen Lehrling, den*

---

[32] Plutarch: Über Isis und Osiris, übersetzt von Gustav Parthey, Berlin 1850, Kap. 9, S. 14.
[33] Kant, Immanuel: Kritik der Urteilskraft (herausgegeben von Karl Vorländer), Leipzig 1922, S. 171.
[34] Assmann 2007, S. 5 f.

er in diesen Tempel einzuführen bereit war, vorher mit dem heiligen Schauer zu erfüllen, der das Gemüt zu feierlicher Aufmerksamkeit stimmen soll.[35]

Mit Kant lässt sich hier die Motivik der Einweihung in die Mysterien auf den Leser erweitern. Durch den "heiligen Schauer" wird der Leser wie ein Initiand auf seine Einweihung in die Geheimnisse vorbereitet. Auf Segners Vignette zeigt sich die Göttin Isis verschleiert, aber ist sehr gut zu identifizieren durch das ihr typische Sistrum. In ihrem Rücken finden sich drei Genien als begabte Wissenschaftler oder Schüler der Natur. Ohne die Isis von vorn studieren zu können, begnügen sie sich damit ihre Fußspuren zu vermessen. Sie sind weit davon entfernt die Isis ganzheitlich zu enthüllen und ihr ganzes Geheimnis zu erfassen.

– Die verschleierte Isis mit Sistrum als Titelbildmotiv bei Segner –

---

[35] Kant, S. 171.

Andere Naturkundler erhoben jedoch weitaus größere Ansprüche für ihre Forschungen. Van Leeuwenhoeks Werkausgabe "Opera omnia seu arcana naturae ope exactissimorum microscopiorum detecta" kündet bereits mit dem Titel an, die Geheimnisse der Natur aufgedeckt und enthüllt zu haben. Das Frontispiz zeigt dazu eine Isis, die sehr tiefe Einblicke gewährt. Sie öffnet den Schleier und legt somit den Blick auf ihren vielbrüstigen Oberkörper frei, wobei auch ein Gelehrter Hand an den Schleier legt und ihn hebt.

Eine Entschleierungsszene schmückt ebenfalls die "Anatome animalium" von Blasius. Hier ist es eine Frauenfigur, die den Schleier der Isis hebt und so deren Antlitz und Brust für zwei genienartige Schüler enthüllt. Im genauen Gegensatz zu den drei Genien bei Segner können hier die beiden Schüler die Isis von vorne studieren. Immerhin scheint jedoch der direkte Blick auf die unverhüllte Isis den Schüler seine Sezierarbeit unterbrechen zu lassen, um mit erhobener Hand in Ehrfurcht zu verharren. Die enthüllende Frauenfigur erweckt den Eindruck mit der Wissenschaft verbunden zu sein, denn sie teilt mit den Schülern das wissenschaftliche Sezierwerkzeug.

Eine wirklich komplette Entschleierung der Isis zeigen Licetis "De monstrorum causis, natura et differentiis" und von Humboldts Widmungsblatt an Goethe zur "Geographie der Pflanzen". In diesen beiden Bildern wirkt die Entschleierung grob und wenig ehrfurchtsvoll. Die unverschleierte Isis erscheint verloren und entwürdigt. Während bei Liceti ein Mensch den Vorhang lüftet wie bei einer Art Kuriositätenschau, gestaltet es sich bei Humboldt schon deutlich schmeichelhafter mit dem Genius der Poesie. Doch hier ist die Göttin ebenfalls passiv und wirkt zusätzlich durch das Größenverhältnis zum einfach über sie greifenden Genius wenigstens untergeordnet, wenn nicht gar kümmerlich. Durchaus recht unterschiedlich wird also das Motiv der verschleierten Isis ausgelegt: Einerseits inspiriert es zur Besinnung auf menschliche Grenzen und zur Ehrfurcht vor den Geheimnissen der Welt; andererseits wird es als Symbol für den Triumph des Menschen und der Wissenschaft über die Natur dienlich gemacht. Gleichwohl unterschiedlicher Ausprägungen gehörten die Mysterien der Isis zum damaligen öffentlichen Diskurs und Denken.

– Entschleierungsszene der Isis beziehungsweise Natura bei van Leeuwenhoek –

– Frontispiz zu Blasius' umfangreichen Werk über die Anatomie der Tiere –

– Die vielbrüstige Isis auf dem Titelbild zu Licetis Werk über Fehlbildungen –

– Humboldts Widmungsblatt für Goethe –

2.3 Die Mysterien in den Geheimbünden der Aufklärung

Neben dem öffentlichen Diskurs fanden die antiken Mysterien im Rahmen von Geheimbünden große Aufmerksamkeit. Gerade der Geheimnischarakter der altertümlichen Mysterienkulte traf dabei den Nerv der Zeit. Die sich anbahnenden Ideen der Aufklärung, welche auf die repressiven Strukturen von Kirche und Staat stießen, suchten einen Weg zur freien Entfaltung und Diskussion von Meinungen. Die Denker der Aufklärung fanden im kleinen, eingeschworenen Kreis der Geheimgesellschaften einen sicheren Ort ihre Ideen zu debattieren. Darüber hinaus erkannte man als Gegenpart zum "finsteren" Mittelalter, mit dem man überwiegend die alten, negativen Werte des Ancien Régime verband, in den großen antiken Kulturen leuchtende Vorbilder.

So bezog sich beispielsweise der Aufklärungsphilosoph Kant mit seinem als Wahlspruch der Aufklärung bekannten "sapere aude"[36] auf den römischen Philosophen und Dichter Horaz. Sich selbst verstand Horaz als "vates" (Dichterpriester) oder auch "musarum sacerdotes" (Musenpriester), womit er an Vorbilder aus dem alten Griechenland anschloss, die in ihrer Dichterrolle eine Sendung der Götter sahen. Inspiriert durch die Götter erblickten diese Dichterpriester ihre Aufgabe darin, den Menschen die göttliche Wahrheit näher zu bringen. Die Welt der Götter war sehr tief verankert im Denken der Antike. Wollte man die strahlenden antiken Vorbilder tiefgreifend verstehen, legte dies eine intensive Beschäftigung mit den altertümlichen Gottheiten und ihren Mysterien sehr nahe.

Vor diesem Hintergrund hatte man ein besonderes Interesse an den Kulten der antiken Hochkulturen der Griechen und Römer. Neben diesen fanden vor allem noch die ägyptischen Kulte ein besonderes Interesse, da man ähnlich zu Apuleius' Selbstdarstellung der Isis im alten Ägypten die Wiege aller Mysterienkulte vermutete. Freilich haben sich über die geographischen und zeitlichen Distanzen hinweg vom alten Ägypten bis hin zum Römischen Reich recht unterschiedliche Kulte herausgebildet. Dennoch lässt sich ein weitreichender

---

[36] "wage es, weise zu sein!" bzw. "habe Mut, dich deines eigenen Verstandes zu bedienen!"

roter Faden erkennen. Ebenfalls sind die Mythen (die allgemein bekannten Geschichten über die Götter sowie Heroen) und die Mysterien (die geheimen Riten und Lehren der eingeweihten Priesterschaft) eng miteinander verbunden. Die Mythen zeigen Lehrbilder und Prinzipien auf, die andeutungsweise die Geheimnisse der Mysterien darstellen. Beispielsweise spannen die alten Ägypter eine mythische Geschichte über den Lauf der Sonne, wonach diese in personifizierter Form des Sonnengottes Re/Horus auf einem Schiff am Tage über den Himmel fuhr, um am Abend ins Erdreich zu dringen und die gefahrenvolle Unterwelt (auch Nacht- oder Totenreich) zu durchqueren. In ihrem Erscheinen des Morgens am Horizont sahen die Ägypter den erfolgreichen Abschluss der Unterweltsfahrt und ein höchst hoffnungsvolles Zeichen. Wenn die Sonne die Gefahren des Totenreiches überwinden konnte, um jeden Morgen wieder ins Reich der Lebenden einzutreten, so war auch für die Menschen ein Weiterleben nach dem Tode denkbar.

Wenn nun diese Vorstellungen von der Reise der Sonne durch das Erdreich sehr bald überholt waren, so verloren doch zumindest gewisse damit verbundene Prinzipien nicht ihre Berechtigung. Bereits die alten Ägypter sahen ihre mythische Erzählung vom Sonnenlauf in zahlreichen Phänomenen der Natur widergespiegelt, wie beispielsweise anhand der Lotosblume. In Anlehnung an die über dem Meer auf- und untergehende Sonne verehrten sie diese Seerosen, die mit dem abendlichen Sonnenuntergang ihre Blüten schließen und sich tief unter das Wasser zurückziehen, sodass sie teilweise nicht mal mehr mit der Hand zu erreichen sind. Mit dem Erscheinen der Sonne am Morgen steigen die Seerosen wieder aus dem Wasser hervor und folgen mit ihren offenen Blüten dem Licht der Sonne. Gleichermaßen ließen sich die Prinzipien des mythischen Weges der Sonne weiterhin auf das menschliche Leben beziehen, welches in der antiken Welt – mehr noch als heutzutage – vom Gang der Sonne geprägt war. Mit dem Untergang der Sonne am Himmel, mythisch-dramatisch ausgedrückt "mit dem Tod der Sonne", verfallen auch bald die meisten Menschen, ähnlich dramatisch ausgedrückt, in eine Art todesähnlichen Zustand: den Schlaf; um schließlich zusammen mit der Sonne am Morgen mit neuen Kräften wieder aufzustehen bzw. aufzu*er*stehen. Gegensätze – wie Licht und Dunkelheit, Tag und Nacht, Leben und Tod – verstanden die alten Ägypter weniger als zwei absolut unvereinbare, ausschließlich gegeneinander wirkende Prinzipien, sondern vielmehr als sich ergänzende Prinzipien einer Einheit, die zusammen einheitlich wirken und sich gegenseitig essentiell bedingen. Ähnlich wie man ohne gebührend zu ruhen und zu schlafen auch nicht in vollem Maße tatkräftig sein und wachen kann, sahen die Ägypter die großen Gegensätze von Leben und Tod als miteinander verbundene Teile einer zusammenwirkenden Einheit.

Diese Philosophie der Ägypter bot dem Zeitgeist des 18. Jahrhunderts nun einige weitere sehr gelegene Anknüpfungspunkte. Ähnlich wie die Ägypter göttliche Prinzipien aus Naturphänomenen ableiteten, wollte auch der Deismus der Aufklärungszeit den Willen Gottes durch die Naturbeobachtung erkennen. Nicht zuletzt war die Zeit durch die Aufklärung zutiefst in Gegensätzlichkeiten gespalten. Die neuen Werte der Aufklärung konkurrierten mit den alten Werten von Kirche und Staat um den Anspruch auf die Wahrheit. Sogar die Welt der Künstler war in hohem Maße zerstritten in Romantiker und Klassiker. Die ägyptische Philosophie von der harmonischen Zusammenführung der Gegensätze zu einer Einheit bot eine anregende versöhnliche Antwort auf die großen Fragen der Zeit, und wies obendrein eine gewisse geistige Nähe zur Dialektik der neuzeitlichen Philosophie auf. Doch bei dieser kleinen Skizze möchte ich es als Grundlage nun belassen und weitere Inhalte der Mysterienkultur direkt aus ihren literarischen Umsetzungen heraus entwickeln.

3. Zur Mysterienkultur in Goethes "Faust"-Dichtung

3.1 Die ersten Einführungsszenen von Doktor Faust als Bilder des Einweihungsweges in die Mysterien

Eine maßgebliche Orientierung für das Verständnis der Mysterien fand man im 18. Jahrhundert in den Ausführungen Plutarchs, der als eingeweihter Priester im Apollontempel von Delphi über die Mysterien zu berichten wusste:

Hier [im diesseitigen Leben] ist die Seele ohne Erkenntnis außer wenn sie dem Tode nah ist. Dann aber macht sie eine Erfahrung, wie sie jene durchmachen, die sich der Einweihung in die Großen Mysterien unterziehen. Daher sind auch das Wort "sterben" ebenso wie der Vorgang, den es ausdrückt, und das Wort "eingeweiht werden" ebenso wie die damit bezeichnete Handlung einander gleich. Die erste Stufe ist nur mühevolles Umherirren, Verwirrung, angstvolles Laufen durch die Finsternis ohne Ziel. Dann, vor dem Ende, ist man von jeder Art von Schrecken erfaßt, und alles ist Schaudern, Zittern, Schweiß und Angst. Zuletzt aber grüßt ein wunderbares göttliches Licht und man wird in reine Gefilde und blühende Wiesen aufgenommen, wo Stimmen erklingen und man Tänze erblickt, wo man feierlichheilige Gesänge hört und göttliche Erscheinungen schaut. Unter solchen Klängen und Erscheinungen wird man dann, endlich vollkommen und vollständig eingeweiht, frei und wandelt ohne Fesseln mit Blumen bekränzt, um die heiligen Riten zu feiern im Kreise heiliger und reiner Menschen.[37]

Deutlich wird hier die zentrale Bedeutung der Todeserfahrung für die Einweihung in den Mysterienkult. Außerdem zeichnet sich ein Zusammenwirken der Gegensätze ab: Das Licht der klaren Erkenntnis erschließt sich über ein Umherirren in

---

[37] Von Stobaios überliefertes Fragment, welches dieser ursprünglich dem Themistios zugeschrieben hatte, das allerdings schon im 18. Jahrhundert Plutarch zugeschrieben wurde. Quelle und Übersetzung: Assmann 2005, S. 220 f.

Finsternis und Chaos. Auf seinem Weg zur Erkenntnis ahmt der Initiand im Grunde den mythischen Weg der Sonne durch das Nacht- und Totenreich nach. Ganz ähnlich zu den späteren mythischen Ausschmückungen der Ägypter um die Geburt von Re/Horus, gestaltete sich bei den noch späteren Griechen die Genese von Apollon, und lässt dabei die Finsternis als essentielles Element für den Licht- und Sonnengott Apollon erkennen.[38] Passend dazu führt Goethe die Figur des Doktor Faust mit der Szene "Nacht" ein und entwickelt hieraus sein Thema. In dieser nachtdunklen Szene sehen wir Faust das erste Mal als Figur – wie es ja überhaupt die erste Szene von Goethes "Urfaust" war – und wir sehen ihn, wie er "unruhig"[39] an seinem Schreibtisch sitzt und über sein *mühevolles Umherirren* durch die verschiedenen wissenschaftlichen Disziplinen klagt:

Habe nun, ach! Philosophie,
Juristerey und Medicin,
Und leider auch Theologie!
Durchaus studirt, mit heißem Bemühn.
Da steh' ich nun, ich armer Thor!
Und bin so klug als wie zuvor[.][40]

Fausts Mühe und Leid werden an mehreren Stellen sehr deutlich hervorgehoben sowie sein beständiger Drang nach wahrer Erkenntnis, einer tiefergreifenden Wahrheit, einem wirklichen, ganzheitlichen Verstehen der Welt:

---

[38] Apollons Geburt wurde von der eifersüchtigen Hera bedroht, die in Apollon einzig eine Schmach durch ihren untreuen Ehemann Zeus sah. In der Konsequenz hatte Hera einen Drachen auf Apollons Mutter gehetzt und die Erde beschworen, die Geburt an allen Orten der Welt zu verhindern, die jemals Strahlen der Sonne (in einigen Erzählungen erscheint hier der alte Sonnengott Helios, welcher als Vertreter einer alten Ordnung zusammen mit Hera als alte Mondgöttin die Geburt der neuen Sonnen- und Mondgottheiten Apollon und Artemis verhindern will) berührt hatten. Daher wurde Apollon nach einer Version unter der Erde in ewiger Finsternis geboren. Nach einer anderen Erzählung ließ der Gott des Meeres die schwimmende Insel Delos aus dem Wasser hervorkommen. Unter dem Wasser war die Insel den Sonnenstrahlen verborgen geblieben und ihre Mobilität sollte vor den Verfolgern schützen. So konnte dort Apollon im Schatten einer Palme geboren werden.
[39] F I, Szenenanweisung zw. Z. 353-354: "In einem hochgewölbten, engen, gothischen Zimmer Faust unruhig auf seinem Sessel am Pulte."
[40] F I, Z. 354-359.

> *Es möchte kein Hund so länger leben!*
> *Drum hab' ich mich der Magie ergeben,*
> *Ob mir durch Geistes Kraft und Mund*
> *Nicht manch Geheimniß würde kund;*
> *Daß ich nicht mehr mit sauerm Schweiß,*
> *Zu sagen brauche, was ich nicht weiß;*
> *Daß ich erkenne, was die Welt*
> *Im Innersten zusammenhält[.]*[41]

In seinen Worten an den Totenkopf klagt Faust über seine *Verwirrung* sowie sein jämmerliches *irren*:

> *Was grinsest du mir hohler Schädel her?*
> *Als daß dein Hirn, wie meines, einst verwirrt,*
> *Den leichten Tag gesucht und in der Dämmrung schwer,*
> *Mit Lust nach Wahrheit, jämmerlich geirret.*[42]

Obendrein ist der Schädel ein Symbol für den Tod, welches aus freimaurerischen Einweihungsszenarien für den Suchenden bekannt ist. Direkt daran anschließend richtet Faust seine Rede an die wissenschaftlichen Instrumente in seiner Kammer, die sein mühevolles Streben nach wahrer Erkenntnis unterstützen sollten:

> *Ihr Instrumente freylich, spottet mein,*
> *Mit Rad und Kämmen, Walz' und Bügel.*
> *Ich stand am Thor, ihr solltet Schlüssel seyn;*
> *Zwar euer Bart ist kraus, doch hebt ihr nicht die Riegel.*
> *Geheimnißvoll am lichten Tag*
> *Läßt sich Natur des Schleyers nicht berauben,*
> *Und was sie deinem Geist nicht offenbaren mag,*
> *Das zwingst du ihr nicht ab mit Hebeln und mit Schrauben.*[43]

Hierin ist nun zusätzlich das Bild von der verschleierten Isis als Natur wiederzuerkennen, die demnach allerdings ihre Geheimnisse vor der Wissenschaft sehr gut zu verbergen mag.[44]

---

[41] F I, Z. 376-383.
[42] F I, Z. 664-667.
[43] F I, Z. 668-675.

Schließlich gipfelt das Ende der Szene in einer Todeserfahrung. Faust greift zur Phiole mit den "tödlich feinen Kräfte[n]"[45]. Der tödliche Inhalt der Phiole erscheint ihm in seiner Verzweiflung als Ausweg. Faust nimmt den möglichen Tod in Kauf für die Möglichkeit neuer Erkenntniskräfte: "Und wär' es mit Gefahr, in's Nichts dahin zu fließen."[46] Interessanterweise vergleicht er seine neue Bewusstseinsebene mit dem Bild des Sonnengottes auf dessen Feuerwagen:

Ein Feuerwagen schwebt, auf leichten Schwingen,
An mich heran! Ich fühle mich bereit
Auf neuer Bahn den Aether zu durchdringen,
Zu neuen Sphären reiner Thätigkeit.[47]

Anschließend beschreibt Faust seine Situation in den Bildern eines Abstieges in die Unterwelt, wie es ebenfalls dem Sonnengott auf seiner nächtlichen Fahrt entsprechen würde:

Vermesse dich die Pforten aufzureißen,
Vor denen jeder gern vorüber schleicht.
Hier ist es Zeit durch Thaten zu beweisen,
Daß Mannes-Würde nicht der Götterhöhe weicht,
Vor jener dunkeln Höhle nicht zu beben,
In der sich Phantasie zu eigner Quaal verdammt,
Nach jenem Durchgang hinzustreben,

---

[44] Weitere Stellen werden erst vor den mythisch-kultischen Bildern der Isis und des Sonnenlaufs "durch die Erde" deutlicher, beispielsweise: *Erkennest dann der Sterne Lauf, / Und wenn Natur dich unterweist, / Dann geht die Seelenkraft dir auf, [...] Die Kräfte der Natur rings um mich her enthüllen. / Bin ich ein Gott? Mir wird so licht! / Ich schau' in diesen reinen Zügen / Die wirkende Natur vor meiner Seele liegen. / Jetzt erst erkenn' ich was der Weise spricht: / "Die Geisterwelt ist nicht verschlossen; / Dein Sinn ist zu, dein Herz ist todt! / Auf bade, Schüler, unverdrossen, / Die ird'sche Brust im Morgenroth!" [...] Wie alles sich zum Ganzen webt, / Eins in dem andern wirkt und lebt! / Wie Himmelskräfte auf und nieder steigen / Und sich die goldnen Eimer reichen! / Mit segenduftenden Schwingen / Vom Himmel durch die Erde dringen, / Harmonisch all' das All durchklingen! [...] Wo faß' ich dich, unendliche Natur? / Euch Brüste, wo? Ihr Quellen alles Lebens[.]* (F I, Z. 422-456) Oder z. B. der Erdgeist, der wie die Erde "Geburt und Grab" (F I, Z. 504) des mythischen Sonnenweges markiert.
[45] F I, Z. 694.
[46] F I, Z. 719.
[47] F I, Z. 702-705.

Um dessen engen Mund die ganze Hölle flammt;
Zu diesem Schritt sich heiter zu entschließen
Und, wär' es mit Gefahr, ins Nichts dahin zu fließen.[48]

An dieser Stelle lässt sich jetzt etwas von dem bei Plutarch beschriebenen *Schrecken*, *Schaudern* und *angstvollem Zittern* vernehmen, da vor den Höllenpforten ja "jeder [also auch Faust] gern vorüber schleicht" und ebenso scheint Faust doch zumindest eine innere Einstellung finden zu müssen, um "nicht zu beben" vor den Schrecken der höllischen "Quaal". Im zweiten Teil des "Fausts" wird der Aspekt des *Schauderns* noch deutlicher herausgearbeitet im Zuge von Fausts eigener, leibhaftiger Unterweltsfahrt, bei der er selbst ins Reich der Mütter[49] hinabsteigt: "Das Schaudern ist der Menschheit bestes Theil"[50]. Ebenfalls zeigt die "Zauberflöte", mit der Goethe sein künstlerisches Konzept für die "Faust"-Dichtung verglichen hatte, die Überwindung von Nacht und Todesschrecken als wesentliches Element der Einweihung: "Wenn er des Todes Schrecken überwinden kann / Schwingt er sich aus der Erde Himmel an. - / Erleuchtet wird er dann im Stande seyn, / Sich den Mysterien der Isis ganz zu weih'n."[51] Ähnlich wie Pamina

---

[48] F I, Z. 710-719.
[49] Im Gespräch mit Eckermann ließ Goethe in rätselhafter, geheimniskrämerischer Weise Plutarch als seine Quelle für die Mütter durchblicken: "Ich kann Ihnen weiter nichts verraten [...] als daß ich beim Plutarch gefunden, daß im griechischen Altertume von *Müttern* als Gottheiten die Rede gewesen." (Goethe 1838, S. 253) Dabei scheint sich der hier laut Eckermann in "Geheimnisse" hüllende Goethe mit den Müttern, den "Göttinnen, ungekannt / Euch Sterblichen" (F I, Z. 6215-6220), sehr weitreichend an altertümlichen Vorstellungen zu bedienen, auch wenn durch den anschließenden Hinweis Goethes auf die eigenen Erfindungen vielleicht ein gegensätzlicher Eindruck erweckt werden könnte. Das Übrige, Goethes eigene Erfindung, ist hier eben von den antiken Mysterien inspiriert, wie Fausts schauderhafte Unterweltsfahrt ins Reich der Mütter und viele weitere Details zeigen.
[50] F II, Z. 6271.
[51] "ZWEY MÄNNER: Der, welcher wandert diese Strasse voll Beschwerden, / Wird rein durch Feuer, Wasser, Luft und Erden; / Wenn er des Todes Schrecken überwinden kann, / Schwingt er sich aus der Erde Himmel an. - / Erleuchtet wird er dann im Stande seyn, / Sich den Mysterien der Isis ganz zu weih'n." (ZF I, S. 52 f.) Weitere Beispiele wären: "GEHARNISCHTE: Ein Weib, das Nacht und Tod nicht scheut. / Ist würdig, und wird eingeweiht." (ZF I, S. 53) "ZWEY GEHARNISCHTE: Ihr wandelt durch des Tones Macht / Froh durch des Todes düstre Nacht." (ZF I, S. 54) "CHOR VON PRIESTERN: Heil sey euch Geweihten! Ihr drangt durch die Nacht, / Dank sey dir, Osiris und Isis,

und Tamino, das heldenhafte Liebespaar der "Zauberflöte", auf ihrem Weg der Einweihung "[f]roh durch des Todes düstre Nacht"[52] wandeln, ist ebenfalls Faust versucht sich "heiter"[53] mit Todesmut und Todesbereitschaft dem Gift der Phiole auszusetzen, um so eine neue Bewusstseinsebene und Erkenntnisstufe zu erlangen. Unabhängig von kleinen Feinheiten, die der Interpretation offen gelassen sind, stellt sich Faust im Geiste auf den Tod ein. Mindestens geistig ist er also dem Tode nahe, was sich auch auf sprachlicher Ebene als Ausdruck seines Bewusstseins manifestiert.

Als dann der Klang von Glocken und Chor, die zum Ostersonntag rufen, in Fausts Todeserfahrung hereinbrechen, befindet dieser: "[A]n diesen Klang von Jugend auf gewöhnt, / Ruft er auch jetzt zurück mich in das Leben. [...] O! tönet fort, ihr süßen Himmelslieder! / Die Thräne quillt, die Erde hat mich wieder!"[54] Geistig und sprachlich kommt Faust dem Tode also sehr nahe und erweckt sogar mit den Worten "die Erde hat mich wieder" den Eindruck einer Wiedergeburt. Obendrein künden die zu Fausts Rettung einsetzenden Osterfeierlichkeiten von der Wiedergeburt Jesu Christi. Damit fällt Fausts Mysterienerfahrung von Todesnähe und Wiedergeburt bildlich in das große Mysterium des Christentums.

Die Nähe von heidnisch-kultischer Mysterienerfahrung und christlichem Auferstehungsmysterium ist hier kaum Zufall. Apuleius' Selbstdarstellung der Isis folgend ließen sich Maria und Jesus als weitere Ausformungen der ägyptischen Urgöttin deuten. Der Sonnengott Horus war der Sohn der Isis und entspräche folglich Jesus. Tatsächlich weist Jesus zahlreiche Parallelen zu Sonnengottheiten auf, wie seine Unterweltsfahrt und anschließende Himmelsfahrt. An dieser Stelle des "Fausts" ist es vor allem der Sonnenaufgang als Wiedergeburt der Sonne, der ebenfalls traditionell im Christentum als Symbol der Auferstehung Christi und daher als Auftakt der Osterfeierlich-

---

gebracht!" (ZF I, S. 59) "PAPAGENO: Worinn besteht diese Prüfung?- ZWEYTER PRIESTER: Dich allen unsern Gesetzen unterwerfen, selbst den Tod nicht scheuen." (ZF I, S. 32)
[52] ZF I, S. 54.
[53] F I, Z. 718.
[54] F I, Z. 769-784.

keiten gilt. Der "Chor der Weiber"[55] erinnert an die Frauen, welche laut Lukas Evangelium im frühen Morgengrauen das leere Grab entdeckten. So darf man annehmen, dass Fausts Wiederauferstehung gleichfalls mit dem Licht der Morgendämmerung zusammenfällt, und er dieses Plutarch entsprechend als *wunderbares göttliches Licht* wahrnehmen könnte. Hinzukommen die *feierlichheiligen Gesänge* des Engelschor, der im übrigen reimt: "Christ ist erstanden! [...] Prüfung bestanden." Dazu wird Jesus von den Engeln sowie von den Jüngern als "Meister" betitelt, was doch beides eher ungewöhnlich ist nach katholischem Brauchtum. Sehr passend ist dieser Wortgebrauch allerdings im Zusammenhang von initiatorischen Bünden, wo man etwa von einer "bestandenen Einweihungsprüfung" spricht und auch den Grad des "Meisters" als höchste Einweihungsstufe kennt, so ist es beispielsweise aus der Freimaurerei bekannt.

Jedenfalls scheinen die Worte des Engelschores "Prüfung bestanden" auch für Faust zu gelten, denn in der nächsten Szene "Vor dem Thor" sehen wir ihn in den geradezu paradiesischen Verhältnissen, die Plutarch für das Ende des Einweihungsweges beschrieben hat. Direkt "[v]or dem Tor" der Unterwelt scheinen sich die *reinen Gefilde* zu entfalten, wo *Stimmen erklingen und man Tänze erblickt*. Dabei entfaltet Faust selbst diese Parallele zu den himmlischen Verhältnissen und zu einem *heilig*, eingeweihten bzw. auferstandenen Volk, und zwar mit seinen Worten an Wagner, die mit dem berühmten "Faust"-Zitat "Hier bin ich Mensch, hier darf ich's seyn." enden:

Kehre dich um, von diesen Höhen
Nach der Stadt zurück zu sehen.
Aus dem hohlen finstren Thor
Dringt ein buntes Gewimmel hervor.
Jeder sonnt sich heute so gern.
Sie feyern die Auferstehung des Herrn,
Denn sie sind selber auferstanden,
[...]
Aus der Kirchen ehrwürdiger Nacht

---

[55] F I, Z. 806 und Z. 796.

Sind sie alle ans Licht gebracht.
[...]
Selbst von des Berges fernen Pfaden
Blinken uns farbige Kleider an.
Ich höre schon des Dorfs Getümmel,
Hier ist des Volkes wahrer Himmel,
Zufrieden jauchzet groß und klein:
Hier bin ich Mensch, hier darf ich's seyn.[56]

Dann trifft Faust auf die bäuerliche Gesellschaft unter der Linde, die mit Tanz und Gesang wohl selbstreferentiell anstimmt:

Der Schäfer putzte sich zum Tanz,
Mit bunter Jacke, Band und Kranz,
Schmuck war er angezogen.
Schon um die Linde war es voll
Und alles tanzte schon wie toll.
Juchhe! Juchhe!
Juchheisa! Heisa! He!
So ging der Fiedelbogen.
[...]
Doch hurtig in dem Kreise ging's,
Sie tanzten rechts sie tanzten links
Und alle Röcke flogen.
Sie wurden roth, sie wurden warm
Und ruhten athmend Arm in Arm,
Juchhe! Juchhe!
Juchheisa! Heisa! He!
Und Hüft' an Ellenbogen.[57]

Daraufhin sammelt sich das Volk, wohl wie der Schäfer im Lied mit Blumenkränzen geschmückt, im Kreise um den Doktor Faust. So erscheint Faust nun wirklich im plutarschen Bild des Eingeweihten in den *reinen Gefilden mit Tanz und Gesang frei im Kreise blumenbekränzter, heiliger und reiner Menschen.*

---

[56] F I, Z. 916-940.
[57] F I, Z. 949-972.

Mit diesen ersten beiden Szenen – die Faust das erste Mal als Figur zeigen – ist das Thema der "Faust"-Dichtung vorgestellt worden: Es ist die Suche nach dem großen Geheimnis der Welt, nach der wahren Erkenntnis und dies in den Bildern – bzw. auf dem Wege – der Einweihung in die Mysterien.

– Helena von Troja (Gemälde von Evelyn De Morgan) –

3.2 Die "Helena" sowie ihre Wegbereiter Mephisto und die "Zauberflöte"

Nach den zwei darauffolgenden "Studierzimmer"-Szenen, in denen sich Mephisto gegenüber Faust zu erkennen gibt und sich vorstellt, beginnt Fausts großer Weg, der ihn am Ende von "Faust II" schließlich zur Mater gloriosa führen wird. Auf seinem langen Weg durch die zwei Teile der "Faust"-Dichtung wird Faust von Mephisto geführt, dessen Rolle sich nicht einfach auf eine Verkörperung des Teufels als das absolute Böse beschränken lässt, sondern sich deutlich facettenreicher gestaltet. Recht apollonisch klingt bereits Mephistos Leitspruch unter dem die beiden ihre gemeinsame Reise antreten: "Sobald du dir vertraust, sobald weißt du zu leben."[58] Darüber hinaus wird Mephisto von Faust an einer Stelle als "Mystagoge"[59], also als der in die Mysterien einführende Priester, bezeichnet. Zwar geschieht dies in diesem Fall wohl wenig schmeichelhaft, allerdings fügt auch Faust sich anschließend in dieses Bild der Mysterieneinweihung und beschreibt sich selbst als "Neophyten"[60], also als den Lehrling und Neuling unter der Priesterschaft. Dieses Bild von Mephisto als lehrender Priester der Mysterien und Faust als sein lernender Schüler wird gleich im Anschluss an Fausts unschmeichelhafter Kritik durch die Dramenhandlung untermauert. Faust soll in das Reich der Mütter hinabsteigen und erlebt so durch Mephisto das plutarsche *Schaudern* (bzw. ja auch den von Kant für Segners Vignette herausgestellten "heiligen Schauer"): "Das Schaudern ist der Menschheit bestes Theil"[61]. Im dargelegten Sujet der Mysterieneinweihung lässt sich die Rolle Mephistos als die eines Mystagogen erkennen.

Seine Rolle als Mystagoge tritt ebenfalls an einem Höhepunkt der "Faust"-Dichtung sehr deutlich hervor. Unter den zahlreichen Aspekten der Mysterienkultur, die sich in der

---

[58] F I, Z. 2062. Es ist die Antwort auf Fausts: "Ich wußte nie mich in die Welt zu schicken". (F I, Z. 2058) Dazu die als apollonische Weisheit und Inschrift des Apollon-Tempels von Delphi überlieferten Worte "Erkenne dich selbst!".
[59] F II, Z. 6248.
[60] F II, Z. 6249.
[61] F II, Z. 6271.

"Faust"-Dichtung verbergen, bietet sich besonders der dritte Akt des zweiten Teiles, der sogenannte "Helena"-Akt, für eine genauere Betrachtung an. Sogar Schiller und Goethe diskutierten den "Helena"-Akt als "Gipfel" der "Faust"-Dichtung, wie aus diesen Empfehlungen Schillers an Goethe hervorgeht:

> *Gelingt Ihnen diese Synthese des Edeln mit dem Barbarischen, wie ich nicht zweifle, so wird auch der Schlüssel zu dem übrigen Teil des Ganzen gefunden sein, und es wird Ihnen alsdann nicht schwer sein, gleichsam analytisch von diesem Punkt aus den Sinn und Geist der übrigen Partien zu bestimmen und zu verteilen. Denn dieser Gipfel, wie Sie ihn selbst nennen, muß von allen Punkten des Ganzen gesehen werden und nach allen hin sehen.*[62]

In seiner Verwandlungsgestalt Phorkyas arrangiert Mephisto für Faust das Zusammentreffen mit Helena. Dies steht in einer Reihe von Begegnungen mit dem Weiblichen, mit denen Faust durch Mephisto konfrontiert wird. Angefangen in der Hexenküche, wo Faust im magischen Spiegel ein Idealbild einer Frau erblickt. Dieses Frauenbild muss in seiner Schönheit wohl bereits der Helena gleichen, entsprechend bemerkt Mephisto dazu: "Du siehst, mit diesem Trank im Leibe, / Bald Helenen in jedem Weibe."[63] Daraufhin trifft Faust geleitet von Mephisto auf Gretchen. Zu Beginn des zweiten Teiles wird Faust dann von Mephisto noch in das bereits angesprochene Reich der Mütter geführt. Und im dritten Akt, dem Mittelpunkt des fünfaktigen "Faust II", bringt Mephisto tatsächlich die Helena der griechischen Mythologie zu Faust. In diesem dritten Akt steht wiederum die sexuelle Vereinung von Helena und Faust im Zentrum des Geschehens. In dem durchaus ungleichen Paar der göttlich anmutenden Helena der griechischen Antike und dem hier als mittelaltertümlichen Burgherrn auftretenden

---

[62] Goethe, Johann Wolfgang von / Schiller, Friedrich: Briefwechsel zwischen Schiller und Goethe. Korrespondenz in den Jahren 1794 bis 1805 (Literatur- und Kunstauffassung, gegenseitige Beeinflussung und Zusammenarbeit), Prag, 2014, S. 765.
[63] F I, 2603 f.

Faust kann man die beiden von Schiller angesprochenen Gegensätzlichkeiten des "Edlen" und des "Barbarischen" verkörpert sehen. Aus dieser Verbindung wird schließlich ihr Kind Euphorion geboren, sozusagen als Produkt ihrer Synthese. Dabei vermischen sich die gegensätzlichen Welten von Helena und Faust nicht nur in ihrem gemeinsamen Kind. In der Vereinigung mit der unsterblichen Helena der griechischen Mythologie kann sich der nach Unendlichkeit sehnende Faust zum ersten Mal mit dem in dieser Geschichte doch so bedeutungsschweren "Augenblick" arrangieren:

> *Durchgrüble nicht das einzigste Geschick,*
> *Daseyn ist Pflicht und wär's ein Augenblick.*[64]

Und nicht weniger besticht die Szene durch Fausts mangelnde Lust am "Durchgrübeln": Fausts beständiger Drang nach Erkenntnis – sein für ihn so typisches Erkenntnisstreben wie es sogar Eingang in das deutsche Wörterbuch gefunden hat als "faustisch[:] stets nach neuem Erleben und Wissen, nach immer tieferen Erkenntnissen strebend und nie befriedigt"[65] – kommt in Helena nun doch zur Ruhe.

Bereits in seinen zwischen 1788 und 1790 entstandenen "Römischen Elegien" stellt Goethe die Vereinigung des sterblichen Helden Jasion (bzw. Iasion) mit der unsterblichen Göttin Demeter als das Geheimnis der Mysterien von Eleusis heraus:

> *Ein versammeltes Volk, stellen zwey Liebende vor.*
> *Hast du wohl jemals gehört von jener mystischen Feyer*
> *Die von Eleusis hieher frühe dem Sieger gefolgt?*
> *Griechen stifteten sie, und immer riefen nur Griechen*
> *Selbst in den Mauern von Rom: "kommt zur geheiligten Nacht!"*
> *Und es floh der Profane, da bebte der wartende Neuling,*
> *Den ein weißes Gewand Zeichen der Unschuld umgab.*
> *Wunderlich irrte darauf der Eingeführte durch Kreise*
> *Seltner Gestalten, im Traum schien er zu wallen, denn hier*

---

[64] F II, Z. 9417 f.
[65] Duden.de – Artikel "faustisch"
(URL: https://www.duden.de/node/654194/revisions/1824667/view)

Wanden sich Schlangen am Boden des Tempels, verschlossene Kästchen,
Reich mit Aehren umkränzt, trugen hier Mädchen vorbey,
Vielbedeutend gebärdeten sich die Priester und summten,
Ungedultig und bang harrte der Lehrling auf Licht.
Erst nach vielen Proben, oft wiederkehrend, erfuhr er,
Was der geheiligte Kreiß seltsam in Bildern verbarg.
Und was war das Geheimniß? als daß Demeter die große
Sich gefällig einmal auch einem Helden bequemt,
Als sie dem edlen Jasion, dem rüstigen König der Kreter,
Ihres unsterblichen Leibs holdes Verborgne gegönnt.[66]

Sodann offenbart ein Brief Goethes an Iken von 1828, in welchem Goethe einige Erklärungen zum "Helena"-Akt ausführt, einen gewissen Vorbildcharakter der eleusinischen Mysterien:

Ich zweifelte niemals, daß die Leser, für die ich eigentlich schrieb, den Hauptsinn dieser Darstellung sogleich fassen würden. Es ist Zeit, daß der leidenschaftliche Zwiespalt zwischen Klassikern und Romantikern sich endlich versöhne. [...] Lernen wir nicht aus dieser hohen Stelle alles in seinem wahren, physisch-ästhetischen Werte schätzen, das Älteste wie das Neueste?
In solchen Hoffnungen einsichtiger Teilnahme habe ich bei Ausarbeitung der "Helena" mich ganz gehen lassen [...] überzeugt, daß wer das Ganze leicht ergreift und faßt, mit liebevoller Geduld sich auch nach und nach das einzelne zueignen werde. Von einer Seite wird dem Philologen nichts Geheimes bleiben, er wird sich vielmehr an dem wiederbelebten Altertum, das er schon kennt, ergötzen; von der andern Seite wird ein Fühlender dasjenige durchdringen, was gemütlich hie und da verdeckt liegt: "Eleusis servat, quod ostendat revisentibus". [Eleusis hält zurück, was es später den Wiederkehrenden zeigt. Seneca, Naturales quaestiones VII, 31,6.] Und es soll mich freuen,

---

[66] Goethe, Johann Wolfgang von: Elegien. In: Friedrich Schiller [Hrsg.]: Die Horen, Tübingen 1795 (Bd. 2, 6. St.), S. 1-44, S. 21 f.

wenn diesmal auch das Geheimnisvolle zu öfterer Rückkehr den Freunden Veranlassung gibt.[67]

Dementsprechend lässt sich im mittelalterlichen Faust und der Helena der griechischen Antike der zeitgenössische Gegensatz zwischen Klassikern mit ihrer Orientierung eben an der Antike und Romantikern mit ihrer Hinwendung zur eigenen, deutschen Kultur und besonders dem Mittelalter wiedererkennen. Die Kraft der Liebe spielt dabei eine verbindende Rolle, die die Gegensätze zusammenzuführen und gleichzeitig dadurch zu steigern vermag. Seinen Geist der 1780er Jahre kritisierte Goethe später in einem Schreiben von 1828, ihm fehlte zur Erfüllung noch "die Anschauung der zwei großen Triebräder aller Natur: der Begriff von Polarität und von Steigerung"[68]. Im "Helena"-Akt entfaltete Goethe nun allerdings diese Anschauung als grundlegendes und zentrales Element in der Liebe von Helena und Faust. Aus der Verbindung ihrer Gegensätze wird dann das gemeinsame Kind der Euphorion geboren, welcher sich kraft seiner von Goethe verliehenen Flugkraft zu Höherem erheben kann, gleichermaßen wie durch Synthese zwei widersprechende Elemente ein Höheres hervorbringen.

---

[67] Goethe, Johann Wolfgang von: Goethes Werke, kommentiert von Erich Trunz, München 1996 (Bd. 3), S. 455.

[68] Bezüglich des Aufsatzes "Die Natur", dessen Entstehung in die 1780er Jahre fallen dürfte, schrieb Goethe 1828: "Jener Aufsatz ist mir vor kurzem aus der brieflichen Verlassenschaft der ewig verehrten Herzogin Anna Amalia mitgeteilt worden; er ist von einer wohlbekannten Hand geschrieben, deren ich mich in den achtziger Jahren in meinen Geschäften zu bedienen pflegte. Daß ich diese Betrachtungen verfaßt, kann ich mich faktisch zwar nicht erinnern, allein sie stimmen mit den Vorstellungen wohl überein, zu denen sich mein Geist damals ausgebildet hatte. Ich möchte die Stufe damaliger Einsicht einen Komparativ nennen, der seine Richtung gegen einen noch nicht erreichten Superlativ zu äußern gedrängt ist. Man sieht die Neigung zu einer Art von Pantheismus, indem den Welterscheinungen ein unerforschliches, unbedingtes, humoristisches, sich selbst widersprechendes Wesen zum Grunde gedacht ist, und mag als Spiel, dem es bitterer Ernst ist, gar wohl gelten. Die Erfüllung aber, die ihm fehlt, ist die Anschauung der zwei großen Triebräder aller Natur: der Begriff von *Polarität* und von *Steigerung* [...]." (Goethe Johann Wolfgang von: Erläuterungen zu dem aphoristischen Aufsatz "Die Natur". In: Erich Trunz [Hrsg.]: Goethes Werke, Hamburg 1948, S. 45-49, S. 48.)

Eine ähnliche Konzeption bot sich für Goethe in der 1791 uraufgeführten "Zauberflöte" von Mozart und Schikaneder. Dort vereint die Liebe nicht nur die Gegensätze des Paares Pamina und Tamino, sondern verhilft außerdem Pamina die Einweihungsprüfung zu bestehen ("Die Liebe leite mich!"[69]), sodass sie sogar als Frau in den Bruderbund aufgenommen wird. Damit hat die Liebe sogar auf der unmittelbaren Handlungsebene gesellschaftspolitische Sprengkraft, indem der frauenfeindliche Bruderbund ("Bewahret euch vor Weibertücken: / Dies ist des Bundes erste Pflicht!"[70]) eine Frau in ihren Kreis der Eingeweihten aufnimmt. Möglicherweise lieferte die "Zauberflöte" nicht nur einen künstlerischen Orientierungspunkt, sondern mitbeeinflusste Goethes Blick auf die Mysterien und gab sogar Impulse für sein grundlegendes Denken. Zwischen 1795 und 1807 arbeitete Goethe überdies an einem eigenen Fortsetzungsteil der "Zauberflöte", den Th. Mann später als den "kleine[n] Faust"[71] bezeichnete. Viele Motive der "Faust"-Dichtung scheint Goethe in der Arbeit an seinem Fortsetzungsteil zur "Zauberflöte" entwickelt zu haben. Als "Zentralerfindung"[72] von Goethes "Zauberflöten"-Fortsetzung gilt der Knabe im Kasten, welcher große Gemeinsamkeiten zu den Knabenfiguren der "Faust"-Dichtung Homunculus und Euphorion aufweist. Die Knabenfigur in Goethes "Zauberflöten"-Fortsetzung ist der Sohn von Pamina und Tamino, der allerdings gleich nach seiner Geburt durch die Schergen der Königin der Nacht bei einem missglückten Entführungsversuch in einen verfluchten Kasten gesperrt wird. Bald darauf schafft es die Nachtkönigin aber doch noch den Kasten unter das Erdreich in ihre Machtsphäre zu bringen. Schließlich steigt der Sohn von Pamina und Tamino während eines Rettungsversuches als fliegender Genius aus dem Kasten hervor und erleuchtet alle anwesenden Figuren unabhängig

---

[69] ZF I, S. 53.
[70] ZF I, S. 33.
[71] "Das ist der kleine 'Faust', – die 'Zauberflöte', wo Homunculus und der Sohn noch Eines sind im leuchtenden Kästchen ..." (Mann, Thomas: Lotte in Weimar, Frankfurt am Main 1965, S. 263)
[72] Henkel, Arthur: Goethes "Hommage á Mozart". Bemerkungen zu "Der Zauberflöte Zweiter Theil". In: Robert B. Palmer / Roberet Hamerton-Kelly [Hrsg.]: Philomathes. Studies and Essays in the Humanities in Memory of Philip Merlan, Den Haag 1971, 485-502, S. 496.

ihrer Fraktion in seinem Licht. Bei genauerer Betrachtung gestaltet sich die Handlung des Knaben in den mythischen Bildern vom Sonnenlauf. Besonders hervorstechend ist dies am Ende, wo der Sohn von Pamina und Tamino in der Manier eines morgens aus der Erde aufsteigenden Sonnengottes erscheint. Den Genius säumen beispielsweise zwei Löwen entsprechend zur Vorstellung der Ägypter von der Erdgottheit Aker, aus welcher der Sonnengott Horus des Morgens emporstieg. Die Apotheose am Schluss scheint allerdings erst möglich zu werden durch den langen Weg des Knaben. Zuerst nimmt er noch an der Oberfläche das System von Sarastros Sonnenreich in sich auf, doch erst nach der Erfahrung in der Sphäre der Nachtkönigin unter der Erde hat der Knabe die Kraft sich als Genius zu befreien. Erst die Aufnahme beider Systeme (hier wäre beispielsweise noch an den sehr plakativen Gegensatz von Bewegung und Ruhe zu denken[73]) und insbesondere die außergewöhnliche Erfahrung in der Nachtsphäre haben den Knaben zu etwas Höherem werden lassen.

Der Sohn von Helena und Faust wird nun als Symbol für die Synthese von Klassik und Romantik in ganz ähnlichen Bildern verherrlicht. Bereits die kleine Vorgeschichte, die Phorkyas/Mephisto über das Kind zu berichten weiß, zeichnet den mythischen Weg der Sonne unter die Erde nach. Der noch nackte Genius versinkt in einer Felsspalte, aus welcher er aber bald wieder ersteigt mit Leyer, schmucken Kleidern und einem

---

[73] In seiner "Zauberflöten"-Fortsetzung entfaltet Goethe die Gegensätze von Ruhe und Bewegung sehr ausgiebig und plakativ als Teil der Genese von Leben. Äußerst markant wird den beiden Vogelmenschen Papagena und Papageno von einem unsichtbaren, schicksalhaften Chor verkündet: "Besorgt das Gewerbe, / Genießet in Ruh, / Euch schenken die Götter / [...] Die Kinder dazu." (Goethe, ZF II, S. 20) In der Folge trinken die beiden Vogelwesen ruhevoll Wein und gehen dann ihrer jägerischen Tätigkeit nach, um so ihr Kinderglück einzuleiten. Gleichermaßen wird der Knabe im Kasten vom Sarastro-System getragen und in Bewegung gehalten, da dies dem Fluch entgegenwirken soll; während der Kasten in der Unterwelt im System der Nachtkönigin zum Stillstand kommt. Ruhe und Bewegung sind hier Gegensätze, die sich als Teil der Genese von Leben synthetisch ergänzen.

leuchtenden Haupt – "völlig wie ein kleiner Phöbus"[74], also wie ein kleiner Sonnengott Apollon:

> *Doch auf einmal ein Gelächter echo't in den Höhlen-Räumen;*
> *Schau' ich hin, da springt ein Knabe von der Frauen Schoß zum Manne,*
> *Von dem Vater zu der Mutter; das Gekose, das Getändel*
> *Thöriger Liebe Neckereyen, Scherzgeschrei und Lustgejauchze*
> *Wechselnd übertäuben mich.*
> *Nackt ein Genius ohne Flügel, faunenartig ohne Thierheit*
> *Springt er auf den festen Boden, doch der Boden gegenwirkend*
> *Schnellt ihn zu der luftigen Höhe, und im zweyten dritten Sprunge*
> *Rührt er an das Hochgewölb.*
> *[...]*
> *Und so hüpft er auf die Masse dieses Felsens, von der Kante*
> *Zu dem andern und umher so wie ein Ball geschlagen springt.*
> *Doch auf einmal in der Spalte rauher Schlucht ist er verschwunden,*
> *Und nun scheint er uns verloren. Mutter jammert, Vater tröstet,*
> *Achselzuckend steh' ich ängstlich. Doch nun wieder welch Erscheinen!*
> *Liegen Schätze dort verborgen? Blumenstreifige Gewande*
> *Hat er würdig angethan.*
> *Quasten schwanken von den Armen, Binden flattern um den Busen,*
> *In der Hand die goldne Leyer, völlig wie ein kleiner Phöbus,*
> *Tritt er wohlgemuth zur Kante, zu dem Ueberhang; wir staunen.*
> *Und die Eltern vor Entzücken werfen wechselnd sich an's Herz.*
> *Denn wie leuchtet's ihm zu Haupten? Was erglänzt ist schwer zu sagen,*
> *Ist es Goldschmuck, ist es Flamme übermächtiger Geisteskraft.*[75]

Für die darauf folgende dramatisch ausgeführte Handlung des Euphorion ist es bemerkenswert, dass er bereits bei seinen anfänglichen Sprungversuchen im Höhlengewölbe einmal in die Tiefen der Unterwelt gestürzt war und seine Eltern ihn verloren geglaubt hatten; er aber dennoch aus dieser Sphäre des Todes wieder hervor kam, und zwar gewandelt als ein höheres Wesen. Entsprechend dazu verläuft die anschließende dramatische Handlung des Euphorion, der darin nämlich bei seinem Versuch zu fliegen in den Tod stürzt und erneut in das Reich des Todes eintritt. Diesmal löst sich der tragisch verfehlte Versuch, immer höher steigen zu wollen, jedoch nicht sogleich

---

[74] F II, Z. 9620.
[75] F II, Z. 9598-9624.

in eine Wiederauferstehung auf. Stattdessen entscheidet sich Helena dazu ihrem Sohn im Totenreich beizustehen und sein Unglück zu teilen:

Ein altes Wort bewährt sich leider auch an mir:
Daß Glück und Schönheit dauerhaft sich nicht vereint.
Zerrissen ist des Lebens wie der Liebe Band;
Bejammernd beide, sag' ich schmerzlich Lebewohl!
Und werfe mich noch einmal in die Arme dir.
Persephoneia nimm den Knaben auf und mich.[76]

Allerdings schließt dieser traurige Abschluss der Szene nicht aus, dass Euphorion – gerade eben vor dem Hintergrund seiner Vorgeschichte – nicht doch noch wiederauferstehen kann. Darüber hinaus lässt sich in seinem Streben nach immer höheren Sphären, welches vom Chor mit dem Übermut des Ikarus verglichen wird ("Ikarus! Ikarus! / Jammer genug."[77]) und bei welchem Euphorion der Tod ein Gebot ist ("Und der Tod / Ist Gebot"[78]), das "Stirb und werde!" aus Goethes Gedicht "Selige Sehnsucht" wiederfinden:

Sagt es niemand, nur den Weisen,
Weil die Menge gleich verhöhnet,
Das Lebend'ge will ich preisen,
Das nach Flammentod sich sehnet.

In der Liebesnächte Kühlung,
Die dich zeugte, wo du zeugtest,
Überfällt dich fremde Fühlung,
Wenn die stille Kerze leuchtet.

Nicht mehr bleibest du umfangen
In der Finsternis Beschattung,
Und dich reißet neu Verlangen
Auf zu höherer Begattung.
Keine Ferne macht dich schwierig,

---

[76] F II, Z. 9939-9944.
[77] F II, Z. 9901 f.
[78] F II, Z. 9888 f.

Kommst geflogen und gebannt,
Und zuletzt, des Lichts begierig,
Bist du Schmetterling verbrannt.

Und so lang du das nicht hast,
Dieses: Stirb und werde!
Bist du nur ein trüber Gast
Auf der dunklen Erde.[79]

Somit erscheint Euphorions Scheitern und Tod weniger fatal und endgültig, sondern vielmehr als notwendig um "zu werden". Zuletzt befindet noch Phorkyas/Mephisto in seiner Rolle als Mystagoge: "Doch ist mir um die Welt nicht leid. / Hier bleibt genug Poeten einzuweihen."[80] Mit seiner Lyra und als Synthese von Klassik und Romantik ist der Euphorion natürlich ebenso ein Genius der Poesie. Auffällig ist der deutliche Gegensatz zu von Humboldts Genius der Poesie, welcher das Widmungsblatt für Goethe schmücken sollte. Zwar ist auf den ersten Blick von Humboldts Genius seiner äußeren Gestalt nach ebenfalls an den Apollon angelehnt, der ja auch Gott der Dichtkunst war, doch während bei von Humboldt die Geheimnisse der Natur mit großer Leichtigkeit vom souverän auftretenden Genius enthüllt werden, zeigt Goethe dazu einen starken Kontrast für die Einweihung in höhere Sphären der Erkenntnis und des Seins auf, deren höchste Einweihungsstufe nämlich selbst nach einer ersten durchstandenen Todeserfahrung noch nicht erreicht ist und die auf der nächsten Stufe sogar mit Euphorions Scheitern und Tod für das Drama beschlossen wird.

---

[79] Goethe, Johann Wolfgang von: Selige Sehnsucht. In: Heinrich Trunz [Hrsg.]: Goethes Werke, München 1998 (Bd. 2), S. 18–19.
[80] F II, Z. 9957 f.

– Ägyptische Darstellung des Sonnenaufgangs –

Das Herauskommen der Sonne (Sonnenscheibe in der Mitte)
aus der Erdgottheit Aker (zwei Löwen)

3.3 Die verschleierte Wahrheit
– Schillers Rezeption der Mysterienkultur als Vergleichspunkt zur "Faust"-Dichtung

Goethe widmet der Einweihungsthematik einen weiteren herausragenden Höhepunkt mit dem fulminanten Schlusspunkt seiner "Faust"-Dichtung. Der Titelheld Faust/Doctor Marianus richtet seine letzten Worte im Drama an die Mater gloriosa, deren "Geheimniß"[81] er "schauen" möchte: "Jungfrau, Mutter, Königin, / Göttin bleibe gnädig!"[82] Es ist bereits kurz skizziert worden, dass sich in der von Faust als "Himmelskönigin" angesprochenen Mater gloriosa die Göttin Isis wiedererkennen lässt, wie sie beispielsweise aus Apuleius' "Der goldene Esel" bekannt ist. Dort darf der Held der Geschichte die Isis schauen ("Schau!"[83]), nachdem er sie als "Königin des Himmels!"[84] angerufen und zu ihr gebetet hatte. Während Goethe die Isis in seiner "Faust"-Dichtung derart kryptisch bearbeitete, sodass sie kaum noch als solche erkennbar ist, findet sich dazu nun bei seinem Dichterfreund Schiller eine ganz offene Auseinandersetzung mit der Isis und den damit verbundenen ägyptischen Mysterien. Einen sehr anschaulichen Vergleichspunkt zu Goethe bietet Schillers Behandlung der Mysterien daher zum einen, zum anderen entwickelte Schillers Auseinandersetzung mit den Mysterien eine überaus große Breitenwirkung, womit sein Schaffen obendrein ein sehr einflussreiches Zeugnis für die Mysterienrezeption in der Zeit darstellt. Schillers wissenschaftliche Herangehensweise an die ägyptischen Mysterien bildet sein Aufsatz "Die Sendung Moses" von 1790 ab, welcher sich direkt auf die damalige Geheimbundkultur und deren Forschungen zu den Mysterien bezieht. Mit diesem Beitrag führte Schiller die Forschungsergebnisse aus den geheimen Logenzimmern in die Öffentlichkeit, wo sie zumindest in intellektuellen, freidenkerischen Kreisen rege diskutiert wurden. Beethoven hatte sich aus diesem Aufsatz sogar ein paar denkwürdige

---

[81] F II, Z. 12000.
[82] F II, Z. 12102 f.
[83] Apuleius, S. 199.
[84] Apuleius, S. 195

Zeilen herausgeschrieben und zur stetigen Ansicht auf seinem Schreibtisch platziert. Auf künstlerischer Ebene verlieh Schiller der Mysterienthematik in seiner Ballade "Das verschleierte Bild zu Sais" von 1795 sehr eindringlich Ausdruck, sodass die Isis von Sais allgemeine Bekanntheit erlangte. Entsprechend befindet Herloßsohn in seinem "Damen Conversations Lexikon" unter dem Artikel zu "Sais": "Schiller's schönes Gedicht [...] ist wohl allen Leserinnen im Gedächtniß"[85]. Sodann wäre die schöne und ergreifende Wirkung von Schillers Ballade schon geradezu Anlass genug, sich dem Kunstwerk hier einmal im Ganzen zu widmen:

Das verschleierte Bild zu Sais[86]

Ein Jüngling, den des Wissens heißer Durst
Nach Sais in Ägypten trieb, der Priester
Geheime Weisheit zu erlernen, hatte
Schon manchen Grad mit schnellem Geist durcheilt,
Stets riß ihn seine Forschbegierde weiter,
Und kaum besänftigte der Hierophant
Den ungeduldig Strebenden. »Was hab ich,
Wenn ich nicht alles habe?« sprach der Jüngling.
»Gibts etwa hier ein Weniger und Mehr?
Ist deine Wahrheit wie der Sinne Glück
Nur eine Summe, die man größer, kleiner
Besitzen kann und immer doch besitzt?
Ist sie nicht eine einzge, ungeteilte?
Nimm einen Ton aus einer Harmonie,
Nimm eine Farbe aus dem Regenbogen,
Und alles, was dir bleibt, ist nichts, solang
Das schöne All der Töne fehlt und Farben.«

---

[85] Herloßsohn, Carl: Damen Conversations Lexikon, Leipzig 1837 (Bd. 9), S. 32.
[86] Schiller, Friedrich: Das verschleierte Bild zu Sais. In: Gerhard Fricke [Hrsg.]: Friedrich Schiller. Sämtliche Werke, München 1962 (Bd. 1), S. 224-226 und S. 239-240.

Indem sie einst so sprachen, standen sie
In einer einsamen Rotonde still,
Wo ein verschleiert Bild von Riesengröße
Dem Jüngling in die Augen fiel. Verwundert
Blickt er den Führer an und spricht: »*Was ists,*
Das hinter diesem Schleier sich verbirgt?«
»*Die Wahrheit*«, *ist die Antwort. –* »*Wie?*« *ruft jener,*
»*Nach Wahrheit streb ich ja allein, und diese*
Gerade ist es, die man mir verhüllt?«

»*Das mache mit der Gottheit aus*«, *versetzt*
Der Hierophant. »*Kein Sterblicher, sagt sie,*
Rückt diesen Schleier, bis ich selbst ihn hebe.
Und wer mit ungeweihter, schuldger Hand
Den heiligen, verbotnen früher hebt,
Der, spricht die Gottheit –« –
»*Nun?*« – »*Der* **sieht** *die Wahrheit.*«

»*Ein seltsamer Orakelspruch! Du selbst,*
Du hättest also niemals ihn gehoben?«
»*Ich? Wahrlich nicht! Und war auch nie dazu*
Versucht.« – »*Das fass ich nicht. Wenn von der Wahrheit*
Nur diese dünne Scheidewand mich trennte –«
»*Und ein Gesetz*«, *fällt ihm sein Führer ein.*
»*Gewichtiger, mein Sohn, als du es meinst,*
Ist dieser dünne Flor – für deine Hand
Zwar leicht, doch zentnerschwer für dein Gewissen.«

Der Jüngling ging gedankenvoll nach Hause.
Ihm raubt des Wissens brennende Begier
Den Schlaf, er wälzt sich glühend auf dem Lager
Und rafft sich auf um Mitternacht. Zum Tempel
Führt unfreiwillig ihn der scheue Tritt.
Leicht ward es ihm, die Mauer zu ersteigen,
Und mitten in das Innre der Rotonde
Trägt ein beherzter Sprung den Wagenden.

Hier steht er nun, und grauenvoll umfängt
Den Einsamen die lebenlose Stille,
Die nur der Tritte hohler Widerhall
In den geheimen Grüften unterbricht.
Von oben durch der Kuppel Öffnung wirft
Der Mond den bleichen, silberblauen Schein,
Und furchtbar wie ein gegenwärtger Gott
Erglänzt durch des Gewölbes Finsternisse
In ihrem langen Schleier die Gestalt.

Er tritt hinan mit ungewissem Schritt,
Schon will die freche Hand das Heilige berühren,
Da zuckt es heiß und kühl durch sein Gebein
Und stößt ihn weg mit unsichtbarem Arme.
Unglücklicher, was willst du tun? So ruft
In seinem Innern eine treue Stimme.
Versuchen den Allheiligen willst du?
Kein Sterblicher, sprach des Orakels Mund,
Rückt diesen Schleier, bis ich selbst ihn hebe.
Doch setzte nicht derselbe Mund hinzu:
Wer diesen Schleier hebt, soll Wahrheit schauen?
»Sei hinter ihm, was will! Ich heb ihn auf.«
(Er rufts mit lauter Stimm.) »Ich will sie schauen.« Schauen!
Gellt ihm ein langes Echo spottend nach.

Er sprichts und hat den Schleier aufgedeckt.
Nun, fragt ihr, und was zeigte sich ihm hier?
Ich weiß es nicht. Besinnungslos und bleich,
So fanden ihn am andern Tag die Priester
Am Fußgestell der Isis ausgestreckt.
Was er allda gesehen und erfahren,
Hat seine Zunge nie bekannt. Auf ewig
War seines Lebens Heiterkeit dahin,
Ihn riß ein tiefer Gram zum frühen Grabe.
»Weh dem«, dies war sein warnungsvolles Wort,
Wenn ungestüme Frager in ihn drangen,
»Weh dem, der zu der Wahrheit geht durch Schuld,
Sie wird ihm nimmermehr erfreulich sein.«

Ganz offenkundig und direkt handelt Schillers Ballade von der Einweihung in die Mysterien der Isis. Dabei lässt sich gleich an einer zentralen Stelle *das Schauen der Göttin* wiederentdecken, welches für den Schluss von Goethes "Faust"-Dichtung als typisches Merkmal des Mysterienthemas postuliert worden ist. Doch dem Jüngling, der in Schillers Gedicht das Bild der Gottheit schauen möchte und hierbei nicht das göttliche Gesetz achtet, widerfährt ein unglückliches Ende. In dieser unheilvollen Entschleierung der Isis durch den ungeduldigen Jüngling lässt sich schnell der deutliche Gegensatz zum Hochmut der damals gerade mehr und mehr aufkommenden Naturwissenschaften bemerken, wo naturkundliche Werke gerne geschmückt wurden mit Bildszenen von der Entschleierung der Isis durch den Menschen. Somit ließe sich Schillers Ballade als Plädoyer für ein bedächtiges Erforschen der Geheimnisse der Natur verstehen und gegen ein rücksichtsloses, maßloses Vordringen in die Natur ohne die damit verbundenen Folgen abschätzen zu können. Ein Blick auf die Geschichte offenbart die stetige Brisanz von Schillers Botschaft. Man mag hier nur beispielsweise an die Entdeckung der Radioaktivität und ihre spätere Nutzung denken. Und nicht weniger vor den Problemen und Fragen unserer Tage – wie der Gentechnik, dem Klimawandel oder dem Bienensterben – ist Schillers Ballade von einem respektvollen Verhältnis zwischen Natur und Wissenschaft, bei dem gewisse Gesetze, eine gewisse Moral beachtet werden sollten, noch immer hochaktuell.

Ein weiterer Aspekt neben der Problematik um das Verhältnis von Wissenschaft und Natur ist die angesprochene Behandlung der Mysterien. Die Mysterien der Isis bilden sogar die vordergründigen Ebene der Ballade, denn Schiller erzählt nicht explizit von der Isis als die Natur. Stattdessen wird die Göttin Isis mit der Wahrheit gleichgesetzt:

> *»Kein Sterblicher, sagt sie,*
> *Rückt diesen Schleier, bis ich selbst ihn hebe.*
> *Und wer mit ungeweihter, schuldger Hand*
> *Den heiligen, verbotnen früher hebt,*
> *Der, spricht die Gottheit –« –*
> *»Nun?« – »Der **sieht die Wahrheit**.«*[87]

Das verschleierte Bild der Isis verkörpert also die Wahrheit. Genau darum ging es in den Mysterien: Um die Wahrheit. Plutarch hatte hier von der Erkenntnis der Seele durch die Einweihung in die Mysterien gesprochen. Gleichermaßen wie Doktor Faust ist der Jüngling in Schillers Ballade getrieben von der Suche nach der Wahrheit.

Das Konzept, welches bei Schiller hinter diesem Verständnis von Wahrheit zu Grunde liegt, wird deutlicher durch einen Blick auf seinen Aufsatz "Die Sendung Moses". Hierin beschreibt Schiller den biblischen Moses als einen Eingeweihten der ägyptischen Isis-Mysterien, der das Geheimnis der Mysterien zur Grundlage der jüdischen Religion und des jüdischen Staates machte. Schiller kann dazu auf verschiedene Geschichtsschreiber und nicht zuletzt die Hinweise der Bibel über Person und Leben des Moses verweisen, wonach dieser von der Tochter des Pharaos adoptiert worden ist und "in aller Weisheit der Ägypter unterricht"[88] worden war. Durch die Adoption gehörte Moses zur königlichen Familie und war somit Teil des elitären Kreises, den die Priester standesgemäß zur Einweihung in die Mysterien vorsahen. Im Kern der Mysterien sah Schiller die Lehre von der Einheit des Weltschöpfers:

> *Die Epopten erkannten eine einzige höchste Ursache aller Dinge, eine Urkraft der Natur, das Wesen aller Wesen, welches einerlei war mit dem Demiurgos der griechischen Weisen. Nichts ist erhabener als die einfache Größe, mit der sie von dem Weltschöpfer sprachen. Um ihn auf eine recht entscheidende Art auszuzeichnen, gaben sie ihm gar keinen Namen. »Ein Name«, sagten sie, »ist bloß ein Bedürfnis der Unterscheidung, wer allein ist, hat keinen*

---

[87] Bild zu Sais, Z. 28-33.
[88] APG 7, 22 (Schlachter-Bibel 2000).

Namen nötig, denn es ist keiner da, mit dem er verwechselt werden könnte.« Unter einer alten Bildsäule der Isis las man die Worte: »Ich bin, was da ist«, und auf einer Pyramide zu Sais fand man die uralte merkwürdige Inschrift: »Ich bin alles, was ist, was war und was sein wird, kein sterblicher Mensch hat meinen Schleier aufgehoben.«[89]

Schiller vermutete, dass die Idee vom Weltschöpfer in einem ägyptischen Priester herangereift war, der diese dann an einen kleinen Kreis weitergegeben hatte, in welchem die Lehre noch weiter ausgebildet worden ist. Doch das Volk war zu diesem Zeitpunkt schon zu sehr im Glauben an die Vielgötterei verankert, sodass eine Konfrontation mit der Lehre vom einen Gott, welche die vertraute polytheistische Denkart gewissermaßen "lächerlich machte"[90], überaus gefährlich erschien. Außerdem war die ganze Verfassung auf den alten Glauben an die vielen Götter gegründet. Die Ehrfurcht vor den lohnenden und bestrafenden Gottheiten war eine Säule des Staates, die dabei half das Volk zu einem gewünschten, staatstragenden Verhalten anzutreiben. Die unterschiedlichen Gottheiten prägten das Leben sowie die Identität des Volkes und hoben die Moral. Es war äußerst ungewiss, ob die alten Traditionen so einfach aufzulösen waren und ob die neue Lehre sogleich den Staat tragen könnte. Stattdessen erschien es für das Wohl des Staates sowie für das eigene Wohl sehr gefährlich die neue Lehre in die Öffentlichkeit zu tragen. Daher befand man es zunächst für sicherer, die neue Glaubensart nur innerhalb eines kleinen Kreises von Auserwählten weiterzutragen und außerdem die brisanten Glaubensinhalte zu verschlüsseln, sodass nur diejenigen einen Sinn daraus entnehmen können sollten, die man selbst dazu befähigt hatte. So, vermutete Schiller, entwickelte sich aus einer sehr misslichen und sehr gefährlichen Lage diese konträre Zweiteilung von monotheistischer Priesterreligion und polytheistischer Volksreligion. Diese Spaltung war nun nach Schiller allerdings nur eine Nothilfe, denn die ersten Stifter der Mysterien hätten ihre

---

[89] Sendung Moses, S. 75.
[90] Sendung Moses, S. 72.

Aufgabe darin gesehen, das Volk allmählich und vor allem sehr behutsam für die neue Lehre vorzubereiten. Erst als später mehr und mehr unverständigere Mitglieder in den Kreis getreten waren und das Erbe in den falschen Händen fortgeführt worden ist, sei die Irreführung des Volkes für den eigenen Vorteil missbräuchlich ausgeartet.

Zur Zeit als Moses in den Bund der Mysterien eingeweiht wurde, war der Geist der ersten Stifter allerdings noch nicht aus dem Priesterorden verschwunden, sodass der junge Hebräer daraus die Lehre von der Einheit des Weltschöpfers und die damit verbundene Widerlegung der Vielgötterei sowie die Lehre von der Unsterblichkeit der Seele als reichen Schatz hervorbringen konnte. Im Kern dieses Mysterienschatzes erkennt Schiller einen reinen Deismus wieder – also eine auf Rationalität bedachte philosophische Gottesvorstellung, wonach Gott nach Erschaffung der Erde keinen weiteren Einfluss mehr ausübt. Demnach greift Gott nicht helfend durch Wundertaten in die Geschicke der Menschen ein und offenbart sich ihnen ebensowenig gezielt, wohl aber können göttliche Prinzipien und das Wesen Gottes aus natürlichen Quellen, wie der Betrachtung der Schöpfung – also der Beobachtung der Natur – und der menschlichen Vernunft, abgeleitet werden. Moses Lebenslauf zeigt, dass er ein überaus aufmerksamer und fähiger Schüler gewesen sein muss, der aufgrund seiner Begabung zum letzten höchsten Grad der Einweihung gekommen war und darüber hinaus auch alle anderen Kenntnisse der priesterlichen Erziehung bestens zu nutzen wusste, sodass er sich gegen den Pharao und die königlichen Berater durchsetzen konnte. Des Weiteren beschreibt Schiller Moses in höchst edelmütigen Zügen, wonach dieser vor den Misshandlungen und Leiden der Hebräer immer mehr einen Widerwillen in sich spürt und dazu noch eine Verantwortung für das Volk seiner Leibesmutter fühlt. Und es sei sein Edelmut, der Moses dazu bewegt den Hebräern nicht nur Freiheit und Unabhängigkeit bringen zu wollen, sondern er will sie darüber hinaus wahrlich glücklich machen und erleuchten. So wagt Moses als erster die Glaubensinhalte der Mysterien in die Öffentlichkeit zu führen und macht sie sogar zur Grundlage seines Staates. Doch auch Moses befand sich in einem Zwiespalt und musste bei der Vermittlung seiner neuen Lehre

Kompromisse eingehen, denn was hätten seine Hebräer mit einem philosophischen Gott anfangen können? Moses Gott wirkte ja keine Wunder und konnte nicht für sie gegen die Ägypter kämpfen. Daher passte Moses seinen philosophischen Gott an Gewohnheiten, Fassungskraft und Bedürfnisse der Hebräer an. Moses greift allerlei heidnische Vorstellungen auf, in die er seinen ideellen Gott kleidet. Er gibt seinem Volk einen allmächtigen Schutzgott, der sich mit Wunderdingen eben speziell für die Hebräer einsetzt. Dabei rettet Moses allerdings die zwei wichtigsten Eigenschaften seines Gotteskonzepts, die Einheit und die Allmacht. Damit ist für Schiller die richtige Grundverfassung gelegt und künftig wäre für die weitere Verwirklichung von Moses Mysterienlehre durch die menschliche Vernunft kein grundlegender Umsturz mehr nötig.

Noch eine weitere theoretische Schrift Schillers greift die Isis-Mysterien von Sais auf. In seiner theoretischen Abhandlung "Vom Erhabenen" aus dem Jahre 1793 dient ihm die Selbstdarstellung der Isis als Beispiel für das Erhabene:

Alles was verhüllt ist, alles Geheimnißvolle, trägt zum Schrecklichen bey, und ist deßwegen der Erhabenheit fähig. Von dieser Art ist die Aufschrift, welche man zu Sais in Egypten über dem Tempel der Isis las. "Ich bin alles was ist, was gewesen ist, und was seyn wird. Kein sterblicher Mensch hat meinen Schleyer aufgehoben."[91]

Es ist hier vor allem das Unbestimmte, das Unfassbare, das durch die Verschleierung geheimnisvoll Entzogene, was die Isis von Sais zum Paradebeispiel für Schillers Theorie des Erhabenen macht. Mit dem ersten Satz nimmt Schiller paraphrasierend Bezug auf Clemens von Alexandria, bei dem es hieß: "alles, was durch einen Schleier hindurch erscheint, zeigt die Wahrheit größer und erhabener."[92] Bei Clemens findet

---

[91] Schiller, Friedrich: Vom Erhabenen. In: Friedrich Schiller [Hrsg.]: Neue Thalia, Leipzig 1793 (Bd. 3), S. 320-394, S. 358.
[92] Assmann, Jan: Das verschleierte Bild zu Sais. Schillers Ballade und ihre ägyptischen und griechischen Hintergründe, Berlin 1999, S. 44 f. Ursprüngliche Quelle: Clemens, Titus Flavius: Stromata V, Kap. IX, 56,5. Zitiert nach: Assmann 1999, S. 44 f. u. S. 64.

sich daneben eine Darstellung der ägyptischen Mysterien, die in vielerlei Punkten maßgeblich für Schiller und das Mysterienverständnis im 18. Jahrhundert gewesen sein dürfte. Clemens stellt eine Unterteilung in kleine und große Mysterien dar.[93] Die kleinen Mysterien waren demnach kultische Riten, die für die breite Öffentlichkeit bestimmt waren. Sie transportierten sowohl staatstragende Regeln und Moralvorstellungen als auch einen tieferen Sinn, der allerdings nur für den Nachdenklichen und Eingeweihten zu ergründen war. Die großen Mysterien hingegen waren absolut geheim und wurden vor der Öffentlichkeit geschützt, denn ihr Gehalt wurde als staatsgefährdend erachtet. Sie waren nur für einen kleinen Kreis von Auserwählten bestimmt, die aufgrund von Geburt, Erziehung und Begabung dazu geeignet waren. Clemens beschreibt den Kern der großen Mysterien so:

Die Großen Mysterien beziehen sich dagegen auf das Ganze (ta sympanta), von dem nichts zu lernen übrig bleibt, sondern nur zu schauen (epopteuein) und die Natur und die Handlungen (pragmata) mit der Vernunft zu erkennen (perinoein).[94]

Für den renommierten Ägyptologen und Religionswissenschaftler Assmann arbeit Warburton in seinem Werk "The Divine Legation of Moses" (dt. Übersetzung: "Die göttliche Sendung Moses") aus dem Jahre 1738 mit seiner Übersetzung der obigen Passage "den entscheidenden Punkt der sprachlosen, mystischen Schau noch dramatischer heraus"[95]:

The doctrines delivered in the Greater Mysteries concern the universe. Here all instruction ends. Things are seen as they are; and Nature, and the workings of Nature, are to be seen comprehended.[96]

---

[93] Assmann 1999, S. 29-31.
[94] Stromata V, Kap. XI, 71,1. Zitiert nach: Assmann 1999. Siehe auch: Clemens, Titus Flavius: Stromata Buch I-VI, herausgegeben von Otto Stählin und Ludwig Früchtel, Berlin 1985, S. 374.
[95] Assmann 1999, S. 30
[96] Warburton, William: The Divine Legation of Moses, London 1778 (Bd. 1), S. 191. Zitiert nach: Assmann 1999, S. 30 f.

Auch Warburtons Werk muss eine wichtige Inspirationsquelle für Schiller gewesen sein. Dies wird schon im von ihm gewählten Aufsatztitel "Die Sendung Moses" erkennbar, durch den Schiller Nähe und Abgrenzung zugleich mit Warburtons "Die göttliche Sendung Moses" herstellt. Schiller stellt sich in eine Reihe mit Warburton, aber bei ihm ist die Sendung Moses ganz entschiedenen nicht mehr von göttlicher Art. Also Moses Handeln ist nicht in einer göttlichen Offenbarung oder Lenkung begründet, sondern motiviert sich ganz im Sinne des Deismus durch dessen persönliche Vernunft und seinen Edelmut. Trotz dieser unterschiedlichen Auffassung liefert Warburtons Moses-Werk eine grundlegende Darstellung der Mysterien, die auch Schillers Mysterienverständnis prägte. Warburton bringt die sprachlose Anschauung, welche nur den wenigen Auserwählten der höchsten Einweihungsstufe am Ende zu Teil wird, sehr gut zur Geltung. Dies ist ein so wichtiger Punkt für das Mysterienverständnis des 18. Jahrhunderts, so dass ich dies durch die Autorität von Assmann mit einem Zitat verbürgen möchte:

Das ist das "Schauen", um das es in den Mysterien und in Schillers Ballade geht, die "epopteia", die in einem geistigen Erkennen (perinoein) und nicht etwa nur in einem rein sinnlichen Betrachten besteht. Dieses geistige Schauen wird nur dem Auserwählten in der höchsten Stufe der Einweihung zuteil, und nicht dem Uneingeweihten, der sich voreilig dem sinnlichen Anblick aussetzt. Aber die Epoptie übersteigt nicht nur die Sinne, sondern auch die Sprache. So verstand man im 18. Jahrhundert Clemens' Bemerkung, daß hier "nichts mehr zu lernen übrig bleibt".[97]

Ich möchte es nämlich noch darum ergänzen, dass es zudem das "Schauen" ist, um das es in Goethes "Faust"-Dichtung geht, als Faust/Doctor Marianus das Geheimnis der Himmelskönigin, der Mater gloriosa, "schauen" möchte. Vor diesem Hintergrund lassen sich nun auch die letzten Worte des Dramas durch den Chorus mysticus deuten:

---

[97] Assmann 1999, S. 31.

*Alles Vergängliche
Ist nur ein Gleichniß;
Das Unzulängliche
Hier wird's Ereigniß;
Das Unbeschreibliche
Hier ist es gethan;
Das Ewig-Weibliche
Zieht uns hinan.*[98]

Im Sinne der Mysterien – auf die der lateinische Name des "Chorus mysticus", zu Deutsch "zu den Mysterien gehöriger Chor", ja sogar recht augenfällig verweist – lässt sich hier also das "Unbeschreibliche" als höchste Einweihung in die Mysterien verstehen – die Anschauung der Wahrheit.

Doch Doktor Faust hatte bereits seine Grablegung und Himmelsfahrt hinter sich als er der Mater gloriosa begegnet. Er ist also bereits gestorben und entsprechend befindet sich seine Seele nicht mehr im diesseitigen Leben. In Schillers Ballade hatte der Jüngling in Sais einen Lehrer, einen Hierophanten, vorgefunden, der selbst nie den Schleier gehoben hatte:

*»Ein seltsamer Orakelspruch! Du selbst,
Du hättest also niemals ihn gehoben?«
»Ich? Wahrlich nicht! Und war auch nie dazu
Versucht.« – »Das fass ich nicht. Wenn von der Wahrheit
Nur diese dünne Scheidewand mich trennte –«*[99]

Dies legt nahe, dass in den Mysterien die Wahrheit für die Lebenden nur verschleiert zu erreichen war. Die auserwählten Priester, die zur höchsten Einweihungsstufe gelangten, erkannten nicht die Wahrheit selbst, sondern sie erblickten den Schleier, der die Wahrheit verhüllte. In dieses Bild fügt sich auch Clemens Darstellung über die Wahrheit: "alles, was durch einen Schleier hindurch erscheint, zeigt die Wahrheit größer und erhabener."[100] Und hiermit verband dann ja Schiller voller

---

[98] F II, Z. 12104-12111.
[99] Bild zu Sais, Z. 34-38.
[100] Clemens, Titus Flavius: Stromata V, Kap. IX, 56,5. Zitiert nach: Assmann 1999, S. 44 f. u. S. 64.

Begeisterung das Erhabene, welches er in der Unbestimmtheit der Weisheit von Sais erkannte. Entsprechend den deistischen Mysterien, die Schiller in seinem Moses-Aufsatz ausführt, ist die Schöpfung, "alles Vergängliche", ein "Gleichniß", aus dem die Wahrheit annäherungsweise abgeleitet werden kann. Und ganz so beschreibt der in die höchsten Mysterien eingeweihte Moses in der Bibel die Unmöglichkeit der Anschauung der Wahrheit beziehungsweise der dafür stehenden Gottheit, die nämlich zu verstehen gibt: "Mein Angesicht kannst du nicht sehen, denn kein Mensch wird leben, der mich sieht."[101]

---

[101] 2.Mose 33, 20 (Schlachter-Bibel 2000).

Schlussrede

Neben diesem Mysterien-Motiv der verschleierten Isis als Sinnbild für die verschleierte Wahrheit, die in unserer Welt nie in ihrem Ganzen zu erkennen ist und nur in Gleichnissen angedeutet werden kann, aber an deren Annäherung sich die Eingeweihten des Isis-Kultes trotzdem Zeit ihres Priesterlebens stets – ja faustisch – forschend bemühten, halte ich allerdings noch eine weitere Ebene der verschleierten Wahrheit für Goethes "Faust"-Dichtung besonders bemerkenswert, die ich mit meinen letzten Worten nochmal kurz hervorheben möchte.

Indem Goethe die Motive der Mysterien in seine "Faust"-Dichtung versteckt hineinarbeitet und seinen Titelhelden durch die Bilder des Einweihungsweges schreiten lässt, verfolgt Goethe eigentlich ein ganz ähnliches Konzept, wie es sich die antiken Mysterienkulte nach Schiller zum Ziel gesetzt hatten, denn er trägt dazu bei, dass die Öffentlichkeit allmählich und sehr behutsam an die Bilder und Vorstellungen der Mysterien herangeführt wird. Hierbei ist zum einen zu beachten, dass selbst eingeweihte Priester noch weitere Stufen der Vorbereitung durchlaufen mussten bevor man ihnen die innersten Mysterien offenbarte;[102] zum anderen waren die Zeiten für die Lehren der antiken Geheimkulte keinesfalls sicher. Schon 1738 hatte der Papst für ein staatliches Verbot des modernen Geheimkultes der Freimaurer plädiert und mit den revolutionären Vorgängen im nahen Frankreich sahen sich auch die Monarchien des deutschsprachigen Raums zunehmend bedroht und zeigten sich überaus angespannt. So wurde die Freimaurerei 1795 vom österreichischen Kaiser verboten. Vor dem Hintergrund dieser Problematiken lag es nahe, freimaurerische Vorstellungen und Erkenntnisse – ja Wahrheiten – den antiken Mysterienkulten gleich auch aus Sicherheitsgründen zu verschleiern.

---

[102] *Zu dieser Anschauung konnten sie aber nicht auf einmal gelangen, weil der Geist erst von manchen Irrtümern gereinigt, erst durch mancherlei Vorbereitungen gegangen sein mußte, ehe er das volle Licht der Wahrheit ertragen konnte. Es gab also Stufen oder Grade, und erst im innern Heiligtum fiel die Decke ganz von ihren Augen* (Sendung Moses, S. 74 f.).

Im übrigen stammt aus der Zeit der französischen Revolution eben auch die "Zauberflöte" von Mozart und Schikaneder, die 1791 im österreichischen Wien in Schikaneders eigenem Theater uraufgeführt worden ist. Gerade für die beiden in Wien ansässigen Macher der "Zauberflöte" war es von ungeheurer Wichtigkeit, ihren freimaurerischen Diskurs im Gewand eines zauberhaften Märchens zu verhüllen. Doch unter dem Deckmantel einer Märchenerzählung durchleben die Zuschauer eigentlich eine kleine Einweihung. Wobei der freimaurerische Diskurs der "Zauberflöte" äußerst komplex ist und mit der Einweihung von Pamina, der Einweihung einer Frau, sogar über eine einfache, bloße Wiedergabe der Freimaurerei hinausgeht, die bei aller Bekundung von Idealen wie "Gleichheit"[103], eben in ihren Satzungen Frauen ausschließt.

Das künstlerische Konzept der "Zauberflöte" und der "Faust"-Dichtung lässt an die die kleinen Mysterien erinnern, die von den Mysterienkulten für die Öffentlichkeit bestimmt waren, aber deren tieferer beziehungsweise "höherer Sinn" nur vom Nachdenklichen oder bereits Eingeweihten zu ergründen war.

Beide hier angesprochenen Aspekte der verschleierten Wahrheit lassen sich übrigens ganz zu Anfang unter den Aphorismen in Goethes "Makariens Archiv" wieder finden. So lautet Goethes erster Gedanke dort:

Die Geheimnisse der Lebenspfade darf und kann man nicht offenbaren; es gibt Steine des Anstoßes, über die ein jeder Wanderer stolpern muß. Der Poet aber deutet auf die Stelle hin.[104]

Und dann widmet er seinen dritten Sinnspruch dem Wahren:

Das Wahre ist gottähnlich: es erscheint nicht unmittelbar, wir müssen es aus seinen Manifestationen erraten.[105]

---

[103] Die fünf Grundideale der Freimaurerei lauten: Freiheit, Gleichheit, Brüderlichkeit, Toleranz und Humanität.
[104] Goethe, Johann Wolfgang von: Aus Makariens Archiv. In: Siegfried Seidel [Hrsg.]: Goethe, Berlin 1960 (Bd. 18), S. 573-602, S. 573.
[105] Ebd., S. 574.

Literatur

Apuleius: Der goldene Esel, übersetzt von August Rode, Dessau 1783 (Bd. 2).

Assmann, Jan: Das verschleierte Bild zu Sais. Schillers Ballade und ihre ägyptischen und griechischen Hintergründe, Berlin 1999.

Assmann, Jan: Die Schrecken des Erhabenen, Heidelberg/Salzburg 2007.

Assmann, Jan: Die Zauberflöte. Oper und Mysterium, München 2005.

Assmann, Jan: Schiller, Mozart und die Suche nach neuen Mysterien. In: Ernst Behler / Manfred Frank [Hrsg.]: Athenäum. Jahrbuch für Romantik, Paderborn 2006 (Bd. 16), S. 13-37.

Cebadal, George [Hrsg.] / Goethe, Johann Wolfgang von [Aut.]: Goethes: Die Zauberflöte II. Die Entdeckung von Goethes ägyptischen Mysterien im Bindeglied zwischen Mozarts "Zauberflöte" und der "Faust"-Dichtung. Vollständiges Textbuch von Goethes "Der Zauberflöte zweyter Theil – Fragment" mit einer Einleitung und Neuinterpretation von George Cebadal, Norderstedt 2016.

Clemens, Titus Flavius: Stromata Buch I-VI, herausgegeben von Otto Stählin und Ludwig Früchtel, Berlin 1985.

Duden.de – Artikel "faustisch"
(URL: https://www.duden.de/node/654194/revisions/1824667/view)

Goethe, Johann Wolfgang von: Aus Makariens Archiv. In: Siegfried Seidel [Hrsg.]: Goethe, Berlin 1960 (Bd. 18), S. 573-602.

Goethe, Johann Wolfgang von: Elegien. In: Friedrich Schiller [Hrsg.]: Die Horen, Tübingen 1795 (Bd. 2, 6. St.), S. 1-44.

Goethe Johann Wolfgang von: Erläuterungen zu dem aphoristischen Aufsatz "Die Natur". In: Erich Trunz [Hrsg.]: Goethes Werke, Hamburg 1948, S. 45-49.

Goethe, Johann Wolfgang von: Faust. Der Tragödie zweiter Teil. In: Johann Georg Cotta / Johann Peter Eckermann [Hrsg.]: Goethe's Werke, Tübingen 1832 (Goethe's nachgelassene Werke; Bd. 41).

Goethe, Johann Wolfgang von: Faust. Eine Tragödie, Tübingen 1808.

Goethe, Johann Wolfgang von: Goethes Werke, kommentiert von Erich Trunz, München 1996 (Bd. 3).

Goethe, Johann Wolfgang von: Sämmtliche Werke. Wohlfeile Volksausgabe, Herisau 1838 (Bd. 12).

Goethe, Johann Wolfgang von: Selige Sehnsucht. In: Heinrich Trunz [Hrsg.]: Goethes Werke, München 1998 (Bd. 2), S. 18–19.

Goethe, Johann Wolfgang von / Schiller, Friedrich: Briefwechsel zwischen Schiller und Goethe. Korrespondenz in den Jahren 1794 bis 1805 (Literatur- und Kunstauffassung, gegenseitige Beeinflussung und Zusammenarbeit), Prag, 2014.

Henkel, Arthur: Goethes "Hommage á Mozart". Bemerkungen zu "Der Zauberflöte Zweiter Theil". In: Robert B. Palmer / Roberet Hamerton-Kelly [Hrsg.]: Philomathes. Studies and Essays in the Humanities in Memory of Philip Merlan, Den Haag 1971, 485-502.

Herloßsohn, Carl: Damen Conversations Lexikon, Leipzig 1837 (Bd. 9).

Kant, Immanuel: Kritik der Urteilskraft (herausgegeben von Karl Vorländer), Leipzig 1922.

Mann, Thomas: Lotte in Weimar, Frankfurt am Main 1965.

Plutarch: Über Isis und Osiris, übersetzt von Gustav Parthey, Berlin 1850.

Schikaneder, Emanuel / Mozart, Wolfgang Amadeus: Die Zauberflöte (herausgegeben von Michael Holzinger), Berlin 2014.

Schiller, Friedrich: Das verschleierte Bild zu Sais. In: Gerhard Fricke [Hrsg.]: Friedrich Schiller. Sämtliche Werke, München 1962 (Bd. 1), S. 224-226 und S. 239-240.

Schiller, Friedrich: Die Sendung Moses. In: Johann Friedrich Cotta [Hrsg.]: Friedrichs von Schiller sämmtliche Werke, Stuttgart/Tübingen 1819 (Bd. 7), S. 60-95.

Schiller, Friedrich: Vom Erhabenen. In: Friedrich Schiller [Hrsg.]: Neue Thalia, Leipzig 1793 (Bd. 3), S. 320-394.

Schlachter-Bibel 2000.
URL: https://www.bibleserver.com/start

Schöne, Albrecht [Hrsg.] / Goethe, Johann Wolfgang von [Aut.]: Faust. Zweiteilbände. Texte und Kommentare, Frankfurt am Main 2005.

Schwab, Gustav: Schiller's Leben, Stuttgart 1841.

Warburton, William: The Divine Legation of Moses, London 1778.